Ein Toter im Haus der Gerichte
1. Auflage, erschienen 9-2021

Umschlaggestaltung: Romeon Verlag
Text und Illustration: Sabine Krüger-Brott
Layout: Romeon Verlag

ISBN: 978-3-96229-295-9

www.romeon-verlag.de
Copyright © Romeon Verlag, Jüchen

Das Werk ist einschließlich aller seiner Teile urheberrechtlich geschützt. Jede Verwertung und Vervielfältigung des Werkes ist ohne Zustimmung des Verlages unzulässig und strafbar. Alle Rechte, auch die des auszugsweisen Nachdrucks und der Übersetzung, sind vorbehalten. Ohne ausdrückliche schriftliche Genehmigung des Verlages darf das Werk, auch nicht Teile daraus, weder reproduziert, übertragen noch kopiert werden. Zuwiderhandlung verpflichtet zu Schadenersatz.

Alle im Buch enthaltenen Angaben, Ergebnisse usw. wurden vom Autor nach bestem Gewissen erstellt. Sie erfolgen ohne jegliche Verpflichtung oder Garantie des Verlages. Er übernimmt deshalb keinerlei Verantwortung und Haftung für etwa vorhandene Unrichtigkeiten.

Bibliografische Information der Deutschen Nationalbibliothek:
Die Deutsche Nationalbibliothek verzeichnet diese Publikation in der Deutschen Nationalbibliografie; detaillierte bibliografische Daten sind im Internet über *http://dnb.dnb.de* abrufbar.

Sabine Krüger-Brott

Ein Toter im Haus der Gerichte
Ein Kriminalroman aus Hamburg.

Inhaltsverzeichnis

1. Kapitel: Ein Toter im Haus der Gerichte	7
2. Kapitel: Mord oder Todesermittlungssache?	21
3. Kapitel: Obduktion der Leiche	29
4. Kapitel: Steinhagen wird beschuldigt	33
5. Kapitel: Klaus	41
6. Kapitel: Vernehmungen im Gericht	45
7. Kapitel: Sörensen wird beschuldigt	51
8. Kapitel: Svenja	57
9. Kapitel: Der Mensch Dr. Kaufmann	61
10. Kapitel: Eifersucht	67
11. Kapitel: Geplatzte Vernehmungen	75
12. Kapitel: Radfahrer Dr. Macke	79
13. Kapitel: Richter und Karriere	85
14: Kapitel: Steinhagen und Herzog	89
15. Kapitel: Frau Bader-Kaufmann	95
16. Kapitel: Katrin Meerbach	101
17. Kapitel: Sörensen dreht durch	105
18. Kapitel: Macke im Krankenhaus	111
19. Kapitel: Sönke	115
20. Kapitel: Schlechte Stimmung	119
21. Kapitel: Wo ist Steinhagen?	123
22. Kapitel: Zwei Richterinnen	133
23. Kapitel: Macke erzählt	141
24. Kapitel: Paul	147
25. Kapitel: Herzog sagt aus	151
26. Kapitel: Der Präsident	159

27. Kapitel: Frau Pottschmidt aus dem Rheinland	163
28. Kapitel: Schwiegermutter Regina	169
29. Kapitel: Mackes Sohn Julius	173
30. Kapitel: Steinhagen kommt zurück	177
31. Kapitel: Ein Teddy für das Baby	183
32. Kapitel: Die Pottschmidt und der Eisbär	189
33. Kapitel: Ende gut! Alles gut?	205

1. Kapitel: Ein Toter im Haus der Gerichte

Als sie um 7:30 Uhr zum Dienst fahren wollte, gelang es ihr nicht, den Schlüssel aus dem Schloss ihrer Wohnungstür zu ziehen, die sich schon seit einiger Zeit nur noch mit viel Feingefühl öffnen und schließen ließ. Durch die ungewöhnliche Hitze der vergangenen Wochen war vermutlich der Türrahmen verzogen. Hektisch drehte sie den Schlüssel hin und her und dann bewegte er sich gar nicht mehr. Die Tür war auf, der Schlüssel steckte von innen und die Entriegelung war ausgefahren. Es war klar, dass sie so nicht losfahren konnte – ausgerechnet heute würde sie nicht pünktlich im Dienst sein.

Ella Sturm war seit drei Tagen beim Landeskriminalamt. Sie hatte tatsächlich eine Stelle in der Mordkommission bekommen, oder richtig gesagt im Fachkommissariat Tötungsdelikte und Todesermittlungen. Neider gab es da genug. Ja, das war ihr größter Wunsch seit ihrer Ausbildung in der Polizeiakademie in Hamburg. Nach ihrem Studium kam sie zunächst in ein Kriminalkommissariat der regionalen Verbrechensbekämpfung. Es war Zufall und wohl auch Glück, dass sie nach nur einem Jahr bei der Mordkommission anfangen durfte, so wie sie es sich erträumt hatte.

Heute war ihr erster Bereitschaftsdienst. Die Mordbereitschaft bestand aus fünf Personen. Mit dem Ermittlungsleiter, Kriminalhauptkommissar Schlichting, ihrem direkten Chef, hatte sie in den letzten Tagen schon zu tun. Er wusste über alles Bescheid und kannte jeden persönlich, dem eine maßgebliche Rolle im Gefüge der Kripo zukam. Kein Wunder, er war schon ewig bei der Polizei und stand kurz vor seiner Pensionierung. Von ihm konnte sie sicher viel lernen. Einen besseren Chef hätte sie nicht bekommen können, da war sie sich schon nach den wenigen Tagen der Zusammenarbeit sicher. Zwei der anderen Kollegen der Rufbereitschaft waren ihr auch schon vorgestellt worden. Dem dritten, Kriminaloberkommissar Müller, war sie noch nicht begegnet.

Auf ihre WhatsApp-Nachricht, sie komme ein paar Minuten später, antwortete Schlichtung zunächst mit: „Hier ist alles ruhig."

Bis der Mann vom Schlüsseldienst kam und glücklicherweise in wenigen Minuten das Problem lösen konnte, verging aber eine weitere dreiviertel Stunde. Sie saß gerade im Auto, als Schlichtung sie anrief: „Ein Toter im Haus der Gerichte, wir sind schon unterwegs. Kommen Sie bitte auf schnellstem Weg direkt dorthin. Wir warten in der Eingangshalle. Sie wissen, wo das ist?"

Es waren zwar schon einige Jahre seit ihrem Studentenpraktikum im Haus der Gerichte vergangen. Aber das Gebäude und den Weg dorthin kannte sie noch genau. Auch das Praktikum selbst war für sie unvergesslich geblieben. Es waren nicht unbedingt positive, aber immerhin wichtige Erfahrungen über sich und ihre beruflichen Perspektiven, die sie veranlassten, ihr Jurastudium aufzugeben und zur Kripo zu gehen. Die Denkweise eines Juristen lag ihr offenbar nicht, das war klar geworden. Ihr Ausbilder hatte fast jedes Wort in den von ihr gefertigten juristischen Entwürfen auseinandergenommen und bemängelt. Mit der praktischeren Tätigkeit als Polizistin kam sie viel besser zurecht.

Auf der Ludwig-Ehrhardt-Straße in Höhe Rödingsmarkt zeigte ein rotes Licht auf der Tankuhr ihres Skoda an, dass das Benzin zur Neige ging. Bis zum Gericht würde sie es aber schaffen. Es war ohnehin aussichtslos, um diese Zeit in der Lohmühlenstraße oder der Umgebung einen Parkplatz zu ergattern. Ihr würde nichts übrigbleiben, als in die Tiefgarage des Hauses zu fahren und die Parkgebühren auf sich zu nehmen.

Die Justizangestellte, die im Register des Verwaltungsgerichts arbeitete, erkannte sie sofort und begrüßte sie freundlich, als sie direkt neben ihr aus dem Auto stieg. Ohne weiter nachzufragen, was Ella im Haus der Gerichte wollte, nahm sie sie im Aufzug aus dem Unterschoss mit bis in die Eingangshalle des Gebäudes. Dieser Weg war nur Mitarbeitern mit einer Sicherheitskarte frei zugänglich.

Als sich die Aufzugstür zur Halle öffnete, blickte Ella direkt auf eine Gruppe von Personen, die ihr den Rücken zuwandten und zum Eingang sahen, als würden sie jemanden von dort erwarten. Es waren Schlichting, die drei anderen Kollegen aus dem Fachkommissariat und zwei Polizisten in Uniform. Ella war klar, dass die Aufmerksamkeit ihrer Person galt und dass alle wie selbstverständlich davon ausgingen, sie würde durch den Haupteingang und nicht mit dem Aufzug aus dem Untergeschoss kommen. Auch wenn sie sich angesichts ihrer Verspätung eigentlich nicht noch mehr Beachtung gewünscht hätte, genoss sie ein wenig ihren Auftritt, als sich bei ihrem Gruß die ganze Gruppe wie auf ein Kommando umdrehte.

Müller, der Kollege, dem sie bisher noch nicht begegnet war, blickte demonstrativ auf seine Uhr, tickte mit dem Zeigefinger der rechten Hand leicht aufs Zifferblatt und hielt sie dann an sein Ohr. Die anderen Anwesenden ignorierten seine Vorstellung. Er war hinlänglich als Nörgler gegenüber jedermann und insbesondere gegenüber jungen Kolleginnen bekannt. Ihn störte sein Ruf an sich nicht. Allerdings wollte er sich eigentlich in der nächsten Zeit ein wenig zurückzunehmen. Denn bald würde Schlichtings Stelle als Kriminalhauptkommissar frei werden und er, Müller, hatte gute Chancen, ihm nachzufolgen. Das wollte er sich nicht vermasseln. Vor allem dem Ermittlungsleiter gegenüber versuchte er einen guten Eindruck zu hinterlassen; denn dessen Kontakte, auch zur höheren Ebene, waren allgemein bekannt.

Müller war sich aber sicher, dass dieser Fall ihm keine Gelegenheit bieten würde, sich zu profilieren. Die beiden Polizeibeamten der PK 11, die am Morgen vom Präsidialrichter ins Gericht gerufen worden waren, hatten schon vor dem Eintreffen der neuen Kollegin berichtet, worum es ging. Einer der Richter war kurz vor halb neun Uhr in seinem Zimmer von einem Wachtmeister tot aufgefunden worden. Der wandte sich sofort an den Präsidialrichter. Ein zur Stelle gerufener Notarzt stellte den Tod, aber noch nicht sicher die Ursache dafür fest. Daraufhin informierte man die Polizei. Die Leute von der Spurensicherung waren schon vor Ort. So weit, so gut. Aus Müllers Sicht war der Aufwand, hier mit der gesamten Mannschaft der Rufbereitschaft und der Spusi aufzukreuzen, aber mehr als übertrieben. Denn auf dem Tisch des Toten waren zwei Adrenalin-Autoinjektionsspritzen gefunden worden, die bei schweren allergischen Reaktionen zum Einsatz kommen. Es lag auf der Hand, dass die Person einen allergischen Anfall hatte und nicht schnell genug darauf reagieren konnte. Diese Vermutung ließ sich auch darauf stützen, dass der Mann nach Angaben des Präsidialrichters ungefähr zwei Wochen zuvor während des Dienstes von einer Wespe gestochen worden war und daraufhin mit starker Atemnot reagiert hatte. Man hatte ihn deshalb in das in unmittelbarer Nachbarschaft liegende Krankenhaus St. Georg gebracht. Der Einsatz der Mordbereitschaft an diesem Tag würde deshalb vermutlich der einzige in der Sache bleiben.

Als Schlichting außer den kurz zusammengefassten Angaben des Polizisten auch die ihm schon bekannten weiteren Informationen vortrug, wurde Müller sofort klar, warum der Fall gleich so hoch gehängt worden war. Bei dem Toten handelte es sich um den Vorsitzenden am Verwaltungsgericht, Dr. Kaufmann. Der offensichtlich besonders korrekte Präsidialrichter rief nach der Feststellung des Notarztes sofort die Ehefrau des Toten an, eine nicht nur in Justizkreisen als äußerst penetrant bekannte Fachanwältin für Strafrecht. Diese äußerte, sie sei sicher, dass ihr Mann umgebracht worden sei und sie habe auch schon einen konkreten Verdacht. Danach wurde nicht nur sofort die Polizei über Notruf, sondern auch das Fachkommissariat Mordkommission telefonisch verständigt.

Als Ella Sturm den Namen des Toten hörte, schreckte sie zusammen und sie merkte, wie Hitze über ihren Hals ins Gesicht kroch. Sie kannte ihn. Es war der Mann, der sie während ihres Studentenpraktikums ausgebildet hatte. Ein ausgesprochen unangenehmer Zeitgenosse. Das war jedenfalls die einhellige Meinung aller Studenten, die zusammen mit ihr der Kammer zugeteilt waren. Wiederholt prangerte er die Fehler der Einzelnen vor versammelter Gruppe mit ironischen Bemerkungen an. Besonders war ihr eine Situation in Erinnerung geblieben, als er den Vortrag einer Referendarin in einer Besprechung vor der ganzen Kammer und den Studenten süffisant auseinandernahm. Als die junge Frau in Tränen ausbrach, schickte er sie gleich nach Hause und gab ihr mit, sie solle sich überlegen, ob der Beruf eines Juristen für sie das Richtige sei. „Werden Sie doch Grundschullehrerin oder noch besser Kindergärtnerin!", war sein Rat.

Aber nicht nur den jungen Leuten gegenüber, die er ausbildete, verhielt er sich in dieser Weise. Auch in den mündlichen Verhandlungen führte er gern den einen oder anderen Rechtsanwalt oder Behördenvertreter vor. Ein Kläger, der sich traute, ohne Anwalt bei ihm zu erscheinen, hatte gar keine Chance. Dr. Kaufmann textete die nicht durch einen Juristen vertretenen Beteiligten mit Fachbegriffen zu und erreichte auf diese Weise in sehr vielen Fällen, dass die Leute ihre Klagen zurücknahmen und das völlig unabhängig davon, ob sie mit ihrem Vorbringen rechtlich eine Chance gehabt hätten oder nicht. Dies sah er auch noch als Erfolg seiner Arbeit an und er prahlte damit vor den Kollegen. Eines musste sie ihm allerdings zugutehalten: Er war nicht parteiisch. Er behandelte alle, Kläger, Beklagte, Anwälte, Behördenvertreter und Kollegen und andere Mitarbeiter in gleicher Weise. Ella nahm sich vor, bei der ersten Besprechung den anderen der Mordbereitschaft zu offenbaren, dass sie die Person persönlich kannte. Aber jetzt schien ihr das nicht der geeignete Moment zu sein.

Müller war Ellas Reaktion nicht entgangen: „Sie erschrecken ja schon, wenn Sie nur von einem Toten hören!" Jung und hübsch zu sein mit hervorragenden Noten auf der Akademie reichte eben nicht aus, um gute Mordermittlungen zu führen. Nach seiner Meinung wurden oft die Falschen in ihr Fachkommissariat berufen. Die junge Kollegin, die gerade mal die geforderte Mindestgröße für Polizisten von 1,60 m erreicht haben dürfte und dazu noch die Figur einer 12-Jährigen hatte, gehörte augenscheinlich zu den Nichtgeeigneten.

„Na, das wird wohl nur einen kurzen Einsatz geben, es spricht ja alles für einen natürlichen Tod", dieser Anmerkung der Kollegin von dem Felde, die an sich ebenfalls nicht Müllers Vorstellungen von einer guten Kripobeamtin entsprach, konnte er ausnahmsweise zustimmen.

„Wenn der Mann aufgrund eines allergischen Schocks gestorben sein sollte, wäre es zumindest ein Unfall und kein natürlicher Tod. Also haben wir ein Todesermittlungsverfahren und sind hier richtig am Platz." Schlichting blieb wie immer sachlich. „Wir gucken uns die Sache erst einmal und an, warten die nötigen Untersuchungen ab und entscheiden dann, wie wir weiter vorgehen wollen."

***

Der Teil des Flurs, auf dem Dr. Kaufmanns Dienstzimmer lag, war vom vorbildlich agierenden Präsidialrichter bereits abgesperrt. Die Fenster standen auf beiden Seiten sperrangelweit auf. Der entstandene Durchzug kühlte den überhitzten Bereich ein wenig ab. Die anwesenden Richterkollegen hatte er in andere Räume umquartiert. Es handelte sich allerdings nur um wenige Personen. Dies lag zum einen daran, dass viele während der Sommerferien im Urlaub waren. Von den anderen waren noch lange nicht alle im Haus. Auf die erstaunte Nachfrage des Ermittlungsleiters gab der Präsidialrichter, Dr. Tobias Macke, ein auch aufgrund seiner Kleidung im Freizeitlook sehr sportlich wirkender Mittdreißiger, an, dass die Richter keine festen Dienstzeiten hätten und deshalb auch grundsätzlich frei entscheiden könnten, wann sie im Gericht erschienen. Ungefragt fügte er hinzu, dass viele auch zu Hause arbeiteten oder aber spät kämen, dann aber auch bis in die Abendstunden blieben. „Nein, für mich selbst als Präsidialrichter ist das nur eine theoretische Freiheit. Alle, die in der Präsidialabteilung arbeiten, kommen sehr früh." Mit einem bitteren Zug um den Mund ergänzte er: „Dafür bleiben wir umso länger."

In dem recht großzügig geschnittenen Zimmer des Toten war es angenehm kühl. Die Leute von der Spurensicherung hatten die über Nacht heruntergelassenen Außenrollladen erst bei ihrem Eintreffen geöffnet, um besser sehen zu können. Neben dem Schreibtisch war der Raum mit einem ovalen Tisch und sechs Stühlen, einem Sofa, einem Schrank und einigen Regalen ausgestattet. Der Schreibtisch stand direkt vor dem gegenüber der Tür liegenden Fenster, durch deren stark verschmutzte Scheibe man auf den Innenhof des Gebäudes blicken konnte. Vermutlich waren die Fensterputzer mal wieder nicht gekommen. In dieser Hinsicht schien sich seit Ellas Praktikumszeit nichts geändert zu haben. Auf dem Tisch lag dicht bei den zwei Adrenalin-Autoinjektionsspritzen eine Apothekentüte. Der Telefonhörer mit den Muscheln nach oben befand sich vor den Medikamenten. Der Tote war zwischen dem nach hinten in Richtung Tür gerollten Stuhl und dem Schreibtisch zusammengesackt. Dabei hatte er offenbar den vollen Papierkorb umgestoßen und der Inhalt breitete sich unter und vor dem Tisch aus. Der Ellenbogen seines rechten Arms berührte noch die vordere Tischseite. Seine Füße waren eingeknickt und er kniete beinahe auf dem Boden. Sein Kopf hing zur linken Seite geneigt, sodass das Ohr fast die Schulter berührte. Die Gürtelschnalle seiner Hose war gelöst. Das weiße Hemd des Toten hing heraus. Zwischen ihm und dem Stuhl klemmte ein heruntergerutschtes, ballförmiges Sitzkissen.

„Hat der Notarzt den Verstorbenen überhaupt angefasst?" Diese von Kriminalobermeister Lukas, dem dritten Mann der Mordbereitschaft, gestellte Frage drängte sich angesichts der Position der

Leiche auf. Der bei der Untersuchung nicht anwesende Präsidialrichter konnte sie nicht beantworten. „Er war nicht lange im Zimmer und hat gleich gesagt, dass Dr. Kaufmann tot ist und er die genaue Ursache nicht feststellen könne."

Um den Leuten von der Spurensicherung nicht weiter im Wege zu sein, zog sich die Gruppe der Kripobeamten zu einer ersten Besprechung in das ihnen zur Verfügung gestellte geräumige Dienstzimmer des urlaubsbedingt abwesenden Präsidenten zurück.

Sie saßen kaum, als Schlichtings Handy klingelte. Nach dem Telefonat konnte er den anderen schon einige Feststellungen der Spurensicherung mitteilen: „Die beiden Adrenalinspritzen sind leer, sie wurden schon benutzt, vermutlich vom Toten selbst. Darüber hinaus lag im Bezug des Sitzkissens eine plattgedrückte Wespe."

Müller grinste: „Damit haben wir den Täter ja schon, ein schwarzgelb geringeltes Insekt. Da es nicht mehr lebt, können wir die Ermittlungen gleich einstellen. Denn", er wandte sich wie erklärend Ella zu „gegen Tote werden keine Ermittlungen mehr geführt. Spaß beiseite. Es ist doch wohl klar, dass wir hier einen Unfall haben. Dr. Kaufmann war Allergiker. Er setzte sich auf das Kissen, in das eine Wespe gekrabbelt war und wurde von ihr in den Allerwertesten gestochen. Er benutzte die Spritzen, die ihm aber offenbar nicht mehr halfen. Klappe zu, Affe tot."

„Ganz so schnell geht es leider nicht", Schlichting war etwas ungehalten, weil Müller ihn unterbrochen hatte und weil er viel zu schnell und unüberlegt eine Lösung präsentierte. „Es stimmt, Vieles spricht hier für einen Unfall. Aber wir wissen alle, dass die Ermittlungen der ersten 48 Stunden ausschlaggebend dafür sind, ob ein Täter gefasst werden kann, wenn es denn einen gibt. Ob Dr. Kaufmann gestochen wurde oder nicht, wird die Obduktion ebenso ergeben wie die Antwort auf die Frage, ob er die Spritzen benutzt hat bzw. wieso die ihm nicht geholfen haben. Ich war im Übrigen auch noch nicht fertig mit meiner Zusammenfassung.

Die Telefonschnur war aus dem Stecker gerissen. Wie und wann das passieren konnte, müssen wir erst noch feststellen." Seine Erklärungen wurden erneut unterbrochen, diesmal durch ein Klopfen an der Tür. Auf sein „Herein" trat Macke ein: „Entschuldigen Sie die Störung. Frau Bader-Kaufmann ist hier. Sie ist im Vorzimmer und will unbedingt zu ihrem Mann."

Schlichting folgte dem Präsidialrichter und kam wenige Minuten später wieder zurück. Er hatte die Anwältin davon überzeugen können, nicht in das Dienstzimmer des Verstorbenen zu gehen und ihr zugesagt, ihre Aussage sofort aufzunehmen. „Die Kolleginnen Sturm und von dem Felde werden alle diejenigen anhören, die auf dem Flur ihre Zimmer haben und vor Eintreffen des Notarztes schon hier waren. Ihr beide", er wandte sich an Lukas und Müller", nehmt euch den Präsidialrichter noch einmal vor und den Wachtmeister, der die Leiche gefunden hat. Ich kümmere mich um Frau Bader-Kaufmann. Noch irgendwelche Fragen?"

Ella Sturm meldete sich zu Wort: „Ich kenne den Toten. Während meines Jurastudiums habe ich bei ihm ein Praktikum gemacht." Keiner schien sich für diese Auskunft zu interessieren. Schlichting redete mit Müller, Susan von dem Felde packte ihre Zettel zusammen und sah auf die Uhr. Lukas blickte auf sein Handy. Lag es vielleicht daran, dass man sie als Neuling noch nicht für voll nahm oder war es einfach nur ein ungünstiger Zeitpunkt für eine solche Erklärung? Jetzt nickte Schlichting ihr zu: „Danke für die Information." Ella bezweifelte, dass der Ermittlungsleiter ihr überhaupt zugehört hatte. Sie packte ebenfalls ihre Notizzettel zusammen und verließ nach den anderen das Präsidentenzimmer.

***

Susanne Bader-Kaufmann sah aus, als wäre sie gerade aus dem Bett gefallen. Ihre dunkelblonden, sonst geschickt im Nacken zu einem Knoten zusammengefassten Haare standen wild um ihren Kopf. Sie war ungeschminkt und sah blass aus. Ihre Kleidung wirkte ungepflegt. Das lange blaue T-Shirt wies direkt auf ihrem rechten Busen einen deutlichen dunkelroten Fleck auf, der nach Rotwein aussah. Der fiel besonders dadurch auf, dass sie trotz ihrer üppigen Oberweite keinen BH trug, was den Blick des Gegenübers nahezu automatisch genau auf diese Stelle schweifen ließ. Ihre labberigen Jeans hatten am Knie einen Riss, der erkennbar nicht zum Look der Hose gehörte. Die runtergelatschten Joggingschuhe waren dreckig.

Schlichting empfand ein wenig Mitleid. Die Frau war offenkundig von der Todesnachricht vollkommen überrumpelt worden. Er war ihr schon mehrfach begegnet. Das erste Mal war sie Nebenklägervertreterin der Eltern eines Totschlagsopfers im Strafprozess. Die Ermittlungen seines Teams hatten zur Anklage geführt. Damals war er von ihrem brillanten Auftreten begeistert gewesen. Ihre Fragen an den Angeklagten und die Zeugen und auch ihr Plädoyer waren messerscharf und überzeugend. Auch von ihrer äußeren Erscheinung entsprach sie in diesem Prozess voll und ganz dem Bild einer seriösen Juristin.

Bei ihrer nächsten Begegnung imponierte sie dem Ermittlungsleiter allerdings weit weniger. Sie war wieder in einem Totschlagsprozess als Anwältin aufgetreten, diesmal aber nicht aufseiten des Opfers bzw. der Angehörigen, sondern als Verteidigerin des Angeklagten. Schlichting konnte nicht begreifen, wie ein und dieselbe Person in nahezu gleichgelagerten Fällen derart unterschiedliche Positionen vertreten konnte. Alles, was sie im ersten Prozess – aus seiner Sicht zurecht – angeprangert und verurteilt hatte, deckte sie nun mit dem Mantel der Nächstenliebe zu. Das Opfer spielte in ihren Argumenten kaum noch eine Rolle. Es ging nur noch um den armen Angeklagten. Wenn man ihren Worten gefolgt wäre, waren nicht er, sondern ausschließlich andere schuld an der Tat, seine Eltern, die Schule, die gesamte Gesellschaft. Schlichting erinnerte sich auch deshalb besonders gut an das Auftreten der Advokatin, weil er am selben Abend zu Hause davon erzählte und es danach zu einem heftigen Streit zwischen ihm und seiner Ehefrau kam. Diese neigte aufgrund ihrer langjährigen Tätigkeit als Krankenschwester dazu, stets die Position der vermeintlich Schwächeren einzunehmen und warf ihm vor, er würde bedingt durch seinen Beruf nur das Schlechte in den Straftätern sehen und andere Ursachen für deren Handeln völlig ignorieren. Im Stillen wusste er, dass sie in diesem Punkt nicht ganz unrecht hatte. Vermutlich gerade deshalb war ihm diese Diskussion und auch der Anlass dazu in unguter Erinnerung geblieben.

„Ich nehme an, Sie kennen mich", Bader-Kaufmann verlieh ihrer Stimme wieder genau den gleichen Tonfall wie in den Prozessen, in denen Schlichting ihre Auftritte verfolgt hatte. „Ich bin Fachanwältin für Strafrecht und kenne mich mit Tötungsdelikten aus", sie lachte gepresst, „wenn auch bisher nicht im privaten Bereich. Wie ich dem jungen Mann, der mich vorhin anrief, bereits erläutert habe, bin ich mir sicher, dass mein Mann keines natürlichen Todes gestorben ist. Er war kerngesund. Und ich habe auch einen konkreten Verdacht, wer für seinen Tod verantwortlich ist."

Schlichting war etwas irritiert. Nachdem Dr. Kaufmann gerade vor etwa zwei Wochen nach einem Wespenstich ins Krankenhaus gebracht und Medikamente gegen allergische Reaktionen auf seinem Tisch gefunden worden waren, musste sie doch eins und eins zusammenzählen können? Vermutlich hatte der Präsidialrichter ihr nichts von den Adrenalinspritzen erzählt, es vielleicht in der Aufregung vergessen. Wahrscheinlicher schien es ihm jedoch, dass Bader-Kaufmann ihn nicht hatte ausreden lassen. Schlichting entschied im Stillen, ebenfalls mit dieser Einzelheit ihr gegenüber vorerst hinter dem Berg zu bleiben: "Gegen wen richtet sich ihr Verdacht?"

„Hajo Steinhagen", Bader-Kaufmann blickte in das fragende Gesicht ihres Gesprächspartners. „Sie scheinen den Herrn nicht zu kennen. Er ist Rechtsanwalt. Sie wollen sicher den Grund für meinen Verdacht wissen. Nun", sie atmete hörbar durch die Nase ein,

„da muss ich etwas ausholen." Der Ermittlungsleiter vermied es auf die Uhr zu sehen. Er erinnerte sich an die Plädoyers der Anwältin in den Strafprozessen. Kurze Ausführungen gehörten nicht zu ihren Stärken. Es schien ihm aber klüger zu sein, sie nicht zu unterbrechen.

„Steinhagen war Studienkollege meines Mannes. Bis vor etwa einem Jahr haben wir uns sogar ab und zu privat mit ihm und seiner Frau getroffen. Dann ging in seinem Leben einiges schief. Er schied aus der angesehenen Sozietät Bolthagen & Partner aus und wurde Einzelanwalt. Die Gründe kenne ich nicht. Aber die kann man ja erfragen. Ich bin mir sicher, dass es zu Unregelmäßigkeiten gekommen ist. Seine neue Kanzlei lief offenbar schlecht. Er konnte wohl nicht viele Mandanten aus seiner Sozietät mitnehmen. Hinzu kam, dass er und seine Frau sich plötzlich trennten. Man munkelt, dass er sie auszahlen musste und ihm danach kaum etwas vom gemeinsamen Vermögen blieb. Er scheint dann abgerutscht zu sein. Es ist noch nicht lange her, da soll er mit einer Alkoholfahne in einem Prozess aufgetreten sein und anschließend von der Anwaltskammer eine Rüge bekommen haben. Wir haben deshalb einen weiteren privaten Kontakt mit ihm vermieden.

Schlichting wurde nun doch etwa ungeduldig. „Das alles hat doch aber nichts mit dem Tod Ihres Gatten zu tun."

„Das war ja nur die Vorgeschichte, damit sie die Hintergründe besser verstehen. Gestern Abend nahm ich einen Anruf Steinhagens bei uns zu Hause entgegen. Er wollte meinen Mann sprechen. Wir reden an sich nie über die Fälle, die wir zu bearbeiten haben. Gestern machten wir eine Ausnahme. Ich war im selben Zimmer, als beide sich am Telefon stritten oder besser gesagt, heftig diskutierten. Schließlich legte mein Mann einfach auf und erzählte mir anschließend von sich aus verärgert, was vorgefallen war. Steinhagens Anruf betraf eine Verhandlung, die heute früh stattfinden sollte. Er hatte für einen gewichtigen Mandanten in einer Sache Klage erhoben, bei der es um mehrere Hunderttausend Euro ging.

Da hätte er natürlich Einiges an Anwaltsgebühren verdienen können. Leider hatte er die Frist, in der er die Klage erheben muss, nicht eingehalten. Mein Mann als zuständiger Richter musste die Klage schon aus diesem Grunde abweisen und bestimmte daher anders als sonst üblich sehr schnell einen Termin. Deshalb ahnte Steinhagen wohl, dass die Sache nicht gut für ihn ausgehen würde und er wollte meinen Mann zu einer anderen Entscheidung überreden. Er behauptete ihm gegenüber, dass er sonst ruiniert sei.

„Und auf welche Weise soll er Ihren Gatten ihrer Meinung nach umgebracht haben?"

„Es ist Ihre Aufgabe und nicht meine, das herauszubekommen. Ich habe Ihnen einen Verdächtigen präsentiert. Jetzt sind Sie dran!" Bader-Kaufmann stand auf und gab zu erkennen, dass sie ihren Ausführungen nichts mehr hinzufügen würde. Sie hatte ihre Fassung wiedergefunden.

2. Kapitel: Mord oder Todesermittlungssache?

Steinhagen lenkte seinen geleasten Mercedes der E-Klasse auf den Parkplatz vor seiner Anwaltskanzlei. Sein Sakko lag auf dem Beifahrersitz, daneben die Krawatte. Die Klimaanlage war wegen der schon jetzt heißen Temperatur auf achtzehn Grad eingestellt. Er fühlte sich wie befreit. Nach dem am Vorabend geführten Telefonat mit Dr. Kaufmann hatte er in der Nacht kaum ein Auge zugetan. Denn der hatte ihm klipp und klar erklärt, dass er die Klage allein deshalb abweisen würde, weil sie einen Tag zu spät im Gericht eingegangen war. Schon seit er ungewöhnlich schnell zur mündlichen Verhandlung geladen worden war, ahnte der Anwalt, dass sein früherer Studienfreund es sich in diesem Fall leicht machen wollte. Deshalb versuchte er mehrfach, ihn telefonisch im Gericht zu erreichen, um ihm den Fall aus seiner Sicht zu erläutern. Die Mitarbeiterin der Geschäftsstelle, die das Telefonat zu dem Vorsitzenden durchstellen sollte, erklärte jedes Mal, dass der nicht in seinem Zimmer sei. Steinhagen war sich aber sicher, dass er seinen Anruf nur nicht entgegennehmen wollte. Zu guter Letzt rief er bei den Kaufmanns zu Hause an. Er konnte sich einfach nicht vorstellen, dass die von ihm schon vorgetragenen Gründe für die verspätet erhobene Klage nicht akzeptiert würden: „Meine Anwaltsgehilfin Frau F., die ich gut eingearbeitet und ständig kontrolliert habe und der sonst noch nie ein Fehler unterlaufen ist, hat versehentlich den Umschlag mit der Klage, den sie in den Gerichtskasten einwerfen sollte, auf ihrem Tisch liegen lassen, um zu ihren Eltern zu eilen. Kurz zuvor hatte ihre Mutter ihr telefonisch mitgeteilt, dass es ihrem seit Monaten schwerkranken Vater sehr schlecht gehe."

Die Mitarbeiterin versicherte diese Erklärung sogar an Eides statt. Eine solche oder ähnliche Begründungen wurden bei verfristeten Klagen sehr oft abgegeben und von den Gerichten so gut wie immer anerkannt.

Kaufmanns sah das anders: „Die Geschichte glaubst du doch selbst nicht, Hajo. Es ist kein Geheimnis, dass du deinen Laden nicht mehr im Griff hast. Nun muss auch noch dein Vorzimmermädchen dafür herhalten und du lässt sie eine falsche Eidesstattliche Versicherung abgeben. Ich rate dir, die Klage zurückzunehmen, um nicht alles noch schlimmer zu machen." Als der Anwalt ihm erklären wollte, was das für Folgen für ihn und seine Kanzlei hätte, legte sein Gesprächspartner einfach auf. Dem war selbstverständlich auch ohne weitere Erläuterung klar, dass die Klägerin ihren Bevollmächtigten mit Schadensersatzforderungen überziehen würde. Es ging um die Rückforderung einer Subvention über 400.000 Euro, und der zuständigen Behörde war dabei nach Steinhagens Meinung ein gravierender Fehler unterlaufen. Er hätte den Prozess so gut wie sicher gewonnen, wenn er nicht schon wegen der Versäumung einer Frist abgewiesen würde. Es war Kaufmann aber offensichtlich vollkommen egal, wenn er ihn mit seiner Entscheidung ruinierte.

Dessen Tod änderte alles. Ein anderer Kollege würde die Sache übernehmen und Steinhagen glaubte fest daran, dass er mit seinem Vortrag dann Erfolg haben würde.

Der Klingelton seines Handys riss ihn aus seinen Gedanken. „Gut, dass ich Sie so schnell erreiche. Schlichting hier, Kriminalhauptkommissar, Landeskriminalamt. Wir ermitteln im Falle des Todes des Vorsitzenden Richters am Verwaltungsgericht, Dr. Kaufmann. Sie waren heute früh zu einer Verhandlung bei ihm geladen?"

„Was, Dr. Kaufmann ist tot? Wie ist das möglich? Wir waren Studienfreunde und gut miteinander bekannt. Es stimmt, ich sollte heute mit ihm verhandeln. Die Sitzung wurde dann aber kurzfristig abgesetzt."

Die Fragen, die die Kripo ihm stellen wollte, hatten Zeit bis zum nächsten Tag und er sagte zu, um 14:00 Uhr beim Landeskriminalamt am Bruno-Georges-Platz zur Vernehmung zu erscheinen.

***

Susan von dem Felde hoffte inständig, dass das Todesermittlungsverfahren ʹEin Toter im Haus der Gerichteʹ mit der am Nachmittag anberaumten Besprechung im LKA sein Ende finden würde. Ihr Sohn musste am nächsten Tag zur Feriennachhilfe in Englisch und es wäre sicher gut, wenn sie ihm wenigstens einmal vorher die Vokabeln abhören würde, die der Nachhilfelehrer ihm zum Lernen aufgetragen hatte. In der Grundschule war Leon der beste Schüler in der Klasse gewesen. Seit Susans Scheidung vor drei Jahren ließen seine schulischen Leistungen deutlich nach. Jetzt stand in seinem Zeugnis im Fach Englisch eine Fünf und er wurde mit Ach und Krach versetzt. Hinzu kam die Pubertät. Von dem Felde glaubte bei der Trennung von ihrem Ehemann, dass die Kinder aus dem Gröbsten raus seien und sie alles gut allein wuppen würde. Die finanziellen Sorgen hielten sich angesichts der Unterstützung ihrer Eltern tatsächlich in Grenzen. Auch ihre Wohnsituation war akzeptabel: Ihr Ex-Mann überließ ihr die Doppelhaushälfte, die sie gemeinsam vor zehn Jahren in Halstenbek nahe Hamburg gebaut hatten. Aber die Sorgen mit den Kindern beanspruchten sie doch sehr. Kaum lief es mit dem einen gut, machte der andere Probleme. Gerade in letzter Zeit musste sie wiederholt an die gern zum Besten gegebene Weisheit ihrer Mutter ʹkleine Kinder, kleine Sorgen, große Kinder, große Sorgenʹ, denken. Ihren Wunsch, sich nun endlich einen neuen Partner zu suchen, mit dem alles besser laufen sollte als in ihrer verkorksten Ehe, konnte sie deshalb bisher nicht verwirklichen.

Heute früh, bei ihrem Einsatz im Bereitschaftsdienst, war sie noch guter Dinge, dass es bei einem Todesermittlungsverfahren bleiben würde, das schnell aufgeklärt wäre. Die Vernehmungen bzw. Anhörungen der Kollegen des Toten im Gericht, die sie zusammen mit Ella Sturm durchführen musste, sprachen auch dafür. Keiner von denen hatte irgendetwas Besonderes gesehen oder gehört. Niemand benahm sich bei seiner Aussage auffällig. Alle machten einen ehrlich betroffenen Eindruck.

Müller und Lukas schienen ihrem Verhalten nach auch nicht davon auszugehen, dass die Sache sich zu einem Ermittlungsverfahren in einem Tötungsdelikt ausweiten könnte. Müller zog zunächst die Jalousien vor die Fenster, weil die Klimaanlage mal wieder ihren Dienst aufgegeben hatte und um diese Uhrzeit ein Öffnen der Fenster den Raum eher noch mehr aufheizen als abkühlen würde. Dann fläzte er sich auf den Stuhl und döste vor sich hin. Lukas war damit beschäftigt, eine Nachricht auf seinem Handy zu schreiben, vermutlich eine Liebes-SMS an seine im siebten Monat schwangere Ehefrau, mit der er erst seit einem Jahr verheiratet war. Sein privates Glück war in letzter Zeit uneingeschränkt die Nummer eins auf seiner Prioritätenliste. Nur die neue sehr junge Kollegin Ella Sturm las mit aufmerksamem Ausdruck im Gesicht noch einmal ihre Notizen vom Vormittag durch.

Schlichting eröffnete wie immer souverän die Besprechung und berichtete über die Angaben der Ehefrau des Toten und über die Ergebnisse der Spurensicherung. Außerdem erläuterte er die Bedeutung des Notfallsets, das auf dem Tisch im Zimmer der Leiche gefunden worden war: „Von den Medikamenten, die eine allergische Person im Notfall nehmen muss, ist die Adrenalin-Autoinjektion entscheidend und oft lebensrettend. Der Betroffene kann sie unkompliziert durch Druck auf die Oberschenkelaußenseite sogar über der Kleidung einsetzen. Da in manchen Fällen eine Injektion nicht ausreicht, werden in aller Regel den Patienten zwei Spritzen mitgegeben."

„Tja, und bei Dr. Kaufmann haben eben nicht einmal die beiden Nadeln ausgereicht." Müller sah keine Veranlassung, seine entspannte Sitzhaltung zu ändern.

„Da besteht allerdings noch Aufklärungsbedarf", setzte Schlichtung seinen Bericht fort, "wie ich heute früh schon sagte, können wir erst nach der Obduktion, die morgen Vormittag durchgeführt werden soll, sicher sagen, ob der Verstorbene beide Injektionen benutzt hat. Hinzu kommt leider noch ein weiterer unklarer Punkt. Diese sogenannten Adrenalin-Pens sind stets in einer festen Plastikhülle verpackt, aus der sie erst unmittelbar vor ihrem Einsatz herausgenommen werden sollen. Die Leute von der Spusi haben solche Hüllen im Zimmer des Toten nicht finden können. Es ist aber nicht davon auszugehen, dass Kaufmann zwischen dem Auspacken der Spritzen und der Injektion hinausgegangen ist und die Dinger woanders weggeworfen hat. Denn aus seiner Sicht musste ja alles sehr schnell gehen. Unklar ist weiter, wie die Wespe in die Kissenhülle gekommen ist. Diese war jedenfalls mit einem Reißverschluss fest verschlossen und der Bezug wies keinerlei Öffnung auf."

„Dr. Kaufmann könnte ihn doch selbst zugemacht haben, nicht ahnend, dass seine Mörderin darin auf ihn lauerte", dieser von Lukas ausgesprochene Gedanke bot zumindest eine denkbare Lösung.

Schlichting war mit seinem Bericht noch nicht fertig: „Zuletzt haben wir noch das Problem mit der herausgezogenen Telefonschnur. Der Stecker befand sich nicht mehr in der im Boden befindlichen Steckdosenleiste. Trotzdem war die darüber angebrachte Abdeckung verschlossen. Dazu muss ich ergänzen, dass Allergiker, die ein Notfallset verordnet bekommen, nach Einsatz der Autoinjektion sofort 112 wählen sollen. Ich meine, dass Dr. Kaufmann genau das tun wollte. Denn der von der Station genommene Telefonhörer lag ja auf seinem Schreibtisch.

„Nun, in Bezug auf die Telefonschnur hat sich schon eine Erklärung ergeben. Dr. Macke, der Präsidialrichter, hat uns erzählt, dass die Putzfrauen an diesem Morgen im Haus waren. Es kommt wohl ziemlich oft vor, dass sie bei ihrer Arbeit versehentlich Kabel herausreißen oder auch mit anderen Dingen etwas rigoros umgehen. Macke berichtete uns, dass sein bester Freund nahezu jeden Donnerstag früh um halb fünf aus seinem Dienstzimmer angerufen wird. Hintergrund ist, dass die Putzfrau regelmäßig etwas unsanft mit einem Lappen über das Telefon wischt und dabei die eingespeicherten Nummern wählt." Müller lehnte sich zufrieden zurück. Schlichtings Ausführungen veranlassten ihn bisher nicht, daran zu denken, dass die Ermittlungen in diesem Fall noch lange andauern müssten.

Ella meldete sich zu Wort: „Eins verstehe ich nicht. Es war heute früh im Zimmer des Toten nicht zu übersehen, dass sein Papierkorb nicht geleert worden war. Der ganze Inhalt lag doch verstreut auf dem Boden. Nach meiner Erfahrung räumen die Reinigungskräfte in Büros jedenfalls den Müll weg, selbst wenn sie sonst nicht sauber machen sollten. Ich will damit sagen, dass vermutlich gar keine Putzfrau in seinem Zimmer war."

Schlichting blickte mit anerkennender Miene auf Ella: „Das müssen wir am besten noch heute aufklären. Wer vom Putzgeschwader war in der Frühe in dem Bereich eingesetzt? Der Präsidialrichter wird das schnell herausfinden können. Vielleicht kann er uns auch sagen, wann Dr. Kaufmann das letzte Mal das Telefon benutzt hat. Das lässt sich sicher feststellen. Es wäre gut, wenn wir die Reinigungskraft möglichst schnell befragen würden."

Anders als nach dieser Ansage ihres Chefs erwartet, konnte Susan von dem Felde am Abend doch noch ihrem Sohn Englischvokabeln abhören, die er als Hausaufgabe lernen sollte. Auch Lukas war früher zu Hause bei seiner schwangeren Frau als befürchtet. Denn Dr. Macke war sehr schnell in der Lage, die erbetenen Auskünfte zu geben: Die Putzfrau, die am Morgen dafür eingesetzt war, das Zimmer des Toten und die umliegenden Räume zu säubern, hatte sich krankgemeldet. Niemand war für sie eingesprungen. Durch Drücken der Wiederholungstaste am Telefon war leicht auszumachen, welches Gespräch zuletzt von dem Apparat geführt worden war, und der Beisitzer Herzog bestätigte, dass sein

Vorsitzender ihn am Nachmittag des Vortages gegen 17:00 Uhr angerufen hatte.

Vor weiteren Ermittlungen war erst einmal die Obduktion abzuwarten.

3. Kapitel: Obduktion der Leiche

„Wir haben hier eine männliche Leiche, 59 Jahre alt, knapp 1,70 m groß, in gutem Allgemeinzustand." Prof. Mondry spulte sein Diktiergerät zurück, um zu überprüfen, ob der Bericht auch aufgenommen wurde. Er hatte das digitale Diktaphon gerade erst bekommen. Sein altes, ihm vertrautes Gerät war angeblich mit dem System nicht mehr kompatibel. Er fluchte leise. Die junge Pathologin, die mit ihm zusammen die Obduktion durchführen sollte, stand etwas abseits und legte die Utensilien zurecht, die für die Öffnung des Toten benötigt würden, ohne auf das Geschimpfe des Rechtsmediziners zu achten.

Oberstaatsanwalt Eriks nutzte die kurze Pause, um sich aus einem kleinen mitgebrachten Fläschchen mit japanischem Minzöl einige Tropfen unter die Nase zu reiben. An den süßlichen Geruch eines geöffneten Toten konnte er sich einfach nicht gewöhnen, obwohl er in den sogenannten Leichensachen seit Jahren von der Staatsanwaltschaft eingesetzt wurde. Hatte man den Duft erst einmal in der Nase, bekam man ihn tagelang nicht wieder heraus. Ähnlich roch es auch in Schlachtereien, weshalb Eriks solche Geschäfte mied. In den Fleischereien der Supermärkte bemerkte er das Aroma allerdings nicht. Wegen seines regelmäßigen Einsatzes im gerichtsmedizinischen Institut nannte man ihn in der Justiz und bei den übrigen Eingeweihten „Leichen-Eriks". Selbstverständlich redete ihn niemand direkt mit diesem Spitznamen an, aber er kannte ihn und trug in mit einem gewissen Stolz.

Prof. Mondry und Eriks arbeiteten schon seit vielen Jahren zusammen. Sie waren fast gleichalt und standen beide kurz vor ihrem Ruhestand. Die Obduktion der Leiche des Vorsitzenden Richters am Verwaltungsgericht, Dr. Kaufmann, die Eriks auf Bitten der Mordkommission beantragt hatte, war an sich nicht spektakulär.

Trotzdem empfand der Staatsanwalt es als etwas Besonderes, einen Kollegen aus der Justiz auf dem Tisch zu haben. Prof. Mondry ging es nicht anders.

Als der Gerichtsmediziner und die junge Pathologin den entkleideten Leichnam auf den Bauch drehten, war eine ausgeprägte Rötung und Schwellung auf dessen rechter Gesäßhälfte auszumachen. Mondry wandte sich kurz an den Oberstaatsanwalt: „Es spricht Vieles dafür, dass wir hier die eigentliche Sterbeursache haben, einen Wespenstich. Nun wollen wir uns mal auf die Suche nach Injektionseinstichstellen begeben." Bevor er dies weiter erläutern musste, winkte Eriks ab. Die Kripo hatte ihn schon über die Adrenalin-Autoinjektionen auf dem Tisch des Toten informiert. Ihn fröstelte. Er hatte ein für die sommerlichen Außentemperaturen geeignetes kurzärmeliges Hemd angezogen und dabei nicht daran gedacht, dass der Obduktionsraum stark abgekühlt war.

Diese Suche nach den Einstichstellen nahm fast eine viertel Stunde in Anspruch. Mondry, der sich seine Lesebrille aufgesetzt hatte, und die junge Ärztin waren mit ihren Nasen dabei sehr dicht am Untersuchungsobjekt.

„Auch nach eingehender äußerer Besichtigung des Verstorbenen sind keine Einstiche durch Injektionsnadeln auszumachen. Fazit: Der Tote hat sich sehr wahrscheinlich nach dem Wespenstich, der für die Anaphylaxie und damit für den Tod ursächlich war, keine Injektion gesetzt."

***

Prof. Mondry gab dieses Ergebnis gleich nach der Obduktion telefonisch an den Ermittlungsleiter der Kripo weiter.

„Können wir sicher sein, dass er sich nicht gespritzt hat?" Die Antwort auf diese Frage Schlichtings war wesentlich dafür, ob weitere aufwändige Ermittlungen angestellt werden mussten.

„Eine hundertprozentige Sicherheit hat man doch fast nie, das wissen Sie mindestens so gut wie ich. Es muss Ihnen genügen, wenn ich sage, dass ich davon überzeugt bin. Die Injektionsnadeln sind zwar sehr dünn, aber minimale Stellen hätten sie hinterlassen müssen, zumal der Tote sehr hellhäutig war."

Eine toxikologische Untersuchung sollte auch durchgeführt werden. Wie der Mediziner erläuterte, würde der Wirkstoff Adrenalin bzw. Epinephrin aufgrund der äußerst kurzen Halbwertszeit dabei mit ziemlicher Sicherheit nicht mehr festgestellt werden. „Anders ausgedrückt", erklärte der Arzt, „wenn man den Wirkstoff nicht findet, lässt sich allein daraus auch nicht herleiten, dass er nicht gespritzt wurde."

Schlichting hatte das Telefonat noch nicht ganz zu Ende geführt, als Müller mit nachdenklicher Miene in sein Büro trat.

„Wie abgesprochen haben Benjamin und ich uns von Dr. Macke dessen Angaben von gestern Abend noch einmal vor Ort bestätigen lassen. Als ich ihn schon beim Hinausgehen fragte, ob ihm sonst noch irgendetwas aufgefallen ist, erzählte er, dass er den Anwalt Steinhagen gestern kurz nach acht Uhr in den Richterflur gelassen hat. Der Bereich ist sonst nur für Gerichtsbedienstete mit Sicherkarte zugänglich, wie wir wissen. Steinhagen wollte zu Dr. Kaufmann."

Außer Ella Sturm machten alle anderen bei der schnell anberaumten Besprechung lange Gesichter. Neben dem Ergebnis der Obduktion lagen inzwischen auch die daktyloskopischen Untersuchungen der Spusi auf dem Tisch.

„An den Türgriffen und an einigen Gegenständen wurden eine Menge Fingerabdrücke gefunden, die nicht zugeordnet werden konnten. Das ist auch kein Wunder, da viele Personen Zugang zum Zimmer hatten. Interessant ist aber, dass auch an einem der Adrenalinpens neben den Abdrücken des Toten weitere daktyloskopische Spuren waren. Es muss also außer Dr. Kaufmann noch ein anderer den Pen angefasst haben." Schlichting blickte in die Runde. Ohne weitere mit viel Arbeit verbundene Ermittlungen würde dieser Fall nicht zu einem zufriedenstellenden Ergebnis führen. Das war allen klar.

„Wollen wir gegen Steinhagen schon vor seiner Vernehmung etwas veranlassen?" Lukas spielte auf einen Haftbefehl an. Schlichting winkte ab: „Wir müssen jetzt ernsthaft in Erwägung ziehen, dass nicht nur die Wespe für Dr. Kaufmanns Tod verantwortlich ist. Steinhagen kommt nach Frau Bader-Kaufmanns Aussage als Täter hier in Betracht. Aber einen dringenden Verdacht gegen ihn haben wir noch nicht. Für einen Haftbefehl reicht das also nicht."

4. Kapitel: Steinhagen wird beschuldigt

Jan saß im kombinierten Schlaf-Arbeitszimmer am Schreibtisch und lernte. Vor ihm lag eine 250-g-Tafel Schokolade der Marke Marabou, schon zur Hälfte verzehrt. Ella warf sich aufs Bett. Es war heiß und stickig im Zimmer. Am Abend war ein Wärmegewitter zu erwarten, das hoffentlich ein wenig Abkühlung bringen würde. Schlichting hatte sie nach Hause geschickt: „Nutzen Sie die Ruhe vor dem Sturm, Frau Sturm. Nach Steinhagens Vernehmung, die sicher eine Weile dauern wird, treffen wir uns um 17:00 Uhr noch einmal zu einer kurzen Besprechung." Er und Müller, die beiden alten Hasen in der Mordkommission, wollten den Anwalt als Beschuldigten vernehmen.

Jan büffelte für die Klausuren im Zweiten Staatsexamen. Ella und er kannten sich seit Beginn ihres Jurastudiums in der Uni. Das war jetzt sieben Jahre her. Seit einiger Zeit bewohnten sie eine gemeinsame Wohnung in Rissen.

„Und, wer ist der Mörder, der Anwalt oder die Wespe?" Jan stopfte sich noch ein weiteres Stück Schokolade in den Mund und drehte sich auf seinem Schreibtischstuhl zu Ella um. Seine Laune war seit einigen Wochen immer schlechter geworden, was sich in zynischen Bemerkungen über alles und jeden ausdrückte. Sein Wunsch, nach seinen Prüfungen in die Ordentliche Gerichtsbarkeit, Zivilsachen, zu gehen, hing maßgeblich von den Noten ab. Ohne Prädikat brauchte er sich da gar nicht erst zu melden. Einen Plan B, für den Fall, dass das Examen nicht so gut laufen würde, hatte er immer noch nicht.

„Heute Nachmittag wird der Anwalt vernommen. Es besteht jetzt gegen ihn ein Anfangsverdacht. Wir müssen sehen, wie es dann weitergeht." Vor Abschluss der Ermittlungen durfte Ella an sich nichts, aber auch gar nichts über ihre Fälle ausplaudern.

Auch nicht gegenüber ihrem Freund. Das hatte man ihr schon im Studium eingeimpft und Schlichting wiederholte es, als sie in der Mordkommission anfing. Aber an diese Anweisung hielt sich eigentlich keiner. Jeder behauptete es zwar steif und fest, wenn er gefragt wurde. Aber zumindest zu Hause wurde offen darüber geplaudert. Nur erwischen lassen durfte man sich natürlich nicht dabei. Ella hoffte inständig, dass ihre Bitte: „Das darfst du natürlich niemandem erzählen", von Jan auch ernst genommen wurde.

„Ich verstehe nicht, warum ihr den Mitarbeitern im Gericht keine Fingerabdrücke abnehmt. Die wären mit Sicherheit freiwillig dazu bereit," Jan kannte mal wieder die einzig wahre Lösung. Ella hielt es für besser, sich dazu nicht zu äußern. Ohnehin meinte ihr Freund, dass das Zivilrecht die Krönung der Juristerei sei. Von Strafrecht hielt er nichts. „A schlägt B auf den Kopf. B ist tot. Da lautet die hochkomplizierte Frage: Hat sich A strafbar gemacht und ggf. wie?", war einer seiner Lieblingssprüche. Neulich erntete sie bei einem Treffen mit Freunden einige Lacher mit ihrer Bemerkung: „Nun, man muss erst einmal A finden! Das ist im wahren Leben anders als bei den von dir bearbeiteten Papiertigern." Als sie wieder zu Hause waren, warf ihr Jan vor, sie würde ihn vor den Freunden lächerlich machen. Dabei war er es, der ihre Arbeit ständig als minderwertig hinstellte, jedenfalls im Vergleich zu seiner Tätigkeit als Jurist. War das wirklich der Mann, mit dem sie eine Familie gründen und Kinder bekommen wollte? War ihre Idee richtig, demnächst – das heißt, nach Jans Examen – solle sie schon mal die Pille absetzen, um es ‚darauf ankommen zu lassen'? Seit diesem Plan hatte Ella schon mehrfach ‚vergessen', die Pille zu nehmen, bisher ohne Folgen. Sie nahm sich vor, noch einmal in Ruhe über all das nachzudenken, bevor es zu spät sein würde.

Natürlich, Jan hatte auch seine guten Seiten, sonst wären sie nicht schon so lange zusammen. Er machte ihre Arbeit auch nicht ständig schlecht, ganz im Gegenteil. Als sie vor einigen Tagen zu einer Geburtstagsparty eines Studienkollegen eingeladen waren, fragte der sie bei der Begrüßung: „Und, was machst du so? Auch Juristin im Examensstress?" Mit einem leichten Glitzern in den Augen antwortete Jan an ihrer Stelle: „Ella ist Kriminalkommissarin beim Landeskriminalamt, Mordkommission." Sie hatte tatsächlich den ganzen Abend das Empfinden, dass die Anwesenden, die meisten davon waren Juristen, sie mit einer gewissen Ehrfurcht betrachteten, was Jan mit sichtbarem Stolz genoss.

***

„Gegen Sie besteht der Verdacht, den Vorsitzenden Richter am Verwaltungsgericht, Dr. Kaufmann, vorsätzlich getötet zu haben …" Schlichting ignorierte, dass Steinhagen die Hand hob und abwinkte, und führte die Belehrung über dessen Verfahrensrechte zu Ende. Ihm war klar, dass der Anwalt seine Rechte auch ohne entsprechende Hinweise kannte. Aber er wusste sicher auch, wie er eine fehlende Belehrung zu seinem Vorteil ausnutzen könnte.

„Ich möchte aussagen und brauche keinen Anwalt. Das bin ich selber." Durch sein breites Grinsen wurden Steinhagens schiefe Schneidezähne sichtbar.

Müller betrachtete sein Gegenüber eingehend. Der hatte als Kind eindeutig keine Klammer getragen. Sein Äußeres ließ auch sonst zu wünschen übrig. Die Halbschuhe sahen so aus, als wäre er vorher durch einen staubigen Sandweg gelaufen. Es lohnte sich wohl nicht, die schiefen Hacken noch einmal besohlen zu lassen. Er trug ein braunes, für diese Jahreszeit und die hochsommerlichen Temperaturen viel zu warmes Tweed Sakko und dazu ein lilafarbenes Hemd. Seine dünnen Haare waren in Strähnen über den kahlen Teil seines Schädels geklebt. Sie hatten schon lange kein Shampoo mehr gesehen.

Steinhagen begann seine Ausführungen mit einer ausführlichen Darstellung seiner Klage vor dem Verwaltungsgericht und über das Telefonat mit seinem ehemaligen Studienfreund am Abend vor dessen Tod.

„Und lebt der Vater Ihrer Mitarbeiterin noch?" Müller konnte sich diese Zwischenfrage nicht verkneifen, als der Anwalt erläuterte, warum seine sonst so zuverlässige Anwaltsgehilfin die Klage nicht rechtzeitig zur Post gebracht habe.

„Wenn Sie in einem Strafprozess als Richter oder Schöffe eine solche Frage gestellt hätten, würde ich Sie sofort als befangen ablehnen." Steinhagen ließ wieder seine schiefen Vorderzähne sehen. Vielleicht unterschätzte Müller den Anwalt. Er murmelte so etwas wie eine Entschuldigung.

Schlichting führte die Vernehmung fort, ohne sich anmerken zu lassen, dass er über dieses Zwischenspiel nicht gerade begeistert war: „Das war Ihr letzter Versuch, die Sache mit Dr. Kaufmann außerhalb der Verhandlung zu besprechen?"

Der Anwalt fiel auf diese Finte nicht rein. Ihm war klar, dass der Präsidialrichter befragt und über ihr Treffen auf dem Flur berichten würde oder dass dies sogar bereits geschehen war: „Ich habe versucht, von dem Fernsprecher, der sich vor den Richterfluren befindet, Dr. Kaufmann in seinem Zimmer anzurufen. Das Gerät gab aber keinen Piep von sich. Ich weiß nicht, ob es kaputt war oder ob das Telefon in Kaufmanns Zimmer nicht funktionierte. Genau in diesem Moment kam Macke aus dem Aufzug. Ich habe kurz mit ihm gesprochen und so etwas wie: Ich wollte zu Kaufmann, der meldet sich aber nicht, gesagt. Macke ließ mich dann in den Flur. Die Tür zu Kaufmanns Zimmer war leider verschlossen. Das muss so gegen 8:00 Uhr gewesen sein. Ich habe dann den Richterflur verlassen und bin zu dem Saal gegangen, in dem die mündliche Verhandlung stattfinden sollte. Dort habe ich gewartet."

„Haben Sie irgendjemanden auf den Richterflur oder vor dem Sitzungssaal gesehen?"

„Auf dem Richterflur war niemand. Es war ja auch noch sehr früh, die Richter kommen meist erst später..." Schlichting winkte ab, als Steinhagen Luft holte, um zu diesem Punkt noch weitere Ausführungen zu machen.

„Etwa 8:15 Uhr ging ein Wachtmeister am Sitzungssaal vorbei. Den Mann kenne ich schon lange. Sörensen heißt er. Er hatte Kaufmann auch noch nicht gesehen, versprach aber, sich nach ihm zu erkundigen. Ein paar Minuten später kam er zurück und sagte mir, dass der Vorsitzende noch nicht da sei."

„Und wie ging es weiter? Wie haben Sie sich verhalten, als Kaufmann nicht zur Verhandlung erschien?"

„Ich habe bis ungefähr 9:00 Uhr gewartet. Als ich mich gerade erkundigen wollte, wo der Richter blieb, kam die Geschäftsstellenverwalterin. Ich habe gleich gemerkt, dass etwas nicht in Ordnung war. Ich glaube, sie hatte geweint. Sie erzählte mir dann, dass die Sitzung ausfallen müsste, weil der Richter in seinem Zimmer zusammengebrochen sei und man einen Arzt geholt habe. Ich habe dann noch einmal nachgefragt. Die junge Frau – mir ist der Name nicht geläufig – hat mir dann unter Tränen erzählt, dass Kaufmann tot sei."

Schlichting blickte dem Anwalt direkt ins Gesicht: „Als wir gestern miteinander telefonierten, taten Sie überrascht und betroffen, als ich Ihnen erzählte, Kaufmann sei gestorben. Jetzt hört es sich so, als hätten Sie das schon vor unserem Gespräch erfahren. Können Sie mir das erklären?"

Steinhagen zuckte mit den Schultern und zeigte seine schiefen Vorderzähne: „Da haben Sie meine Reaktion wohl falsch interpretiert. Ich war betroffen, ja, aber nicht überrascht. Wie gesagt, ich wusste es schon."

Steinhagen ließ sich ohne Einwände nach der Vernehmung die Fingerabdrücke abnehmen.

***

Benjamin Lukas' Handy klingelte. „Meine Frau, da muss ich rangehen." Er stand auf und ging in den Flur vor dem Besprechungsraum. Svenjas hysterisch klingende Stimme am anderen Ende der Leitung war aber auch durch die Tür von allen anderen Ermittlern gut zu vernehmen, die angesichts der ihnen aufgezwungenen, sehr privaten Informationen mehr oder weniger peinlich berührt ins Leere blickten. Es ging um ihre Schwangerschaft. Sie hatte offenbar Wehen bekommen und weinte.

„Fahr nach Hause und kümmere dich um deine Frau, keine Widerrede." Schlichting ließ Lukas gar nicht wieder Platz nehmen, „das schaffen wir heute auch allein. Du meldest dich!"

„Das ist nun schon mindestens das dritte Mal. Jedenfalls habe ich drei solcher Anrufe von ihr mitbekommen. Es ist mit Sicherheit wieder falscher Alarm." Müller wartete mit seinem Kommentar immerhin den Abgang seines Kollegen ab.

„Das wollen wir alle hoffen. Aber er geht lieber einmal zu oft nach Hause als einmal zu wenig. Es ist die erste Schwangerschaft seiner Frau und auch die erste, die er als Vater miterlebt! Falls etwas passieren sollte und wir schnell tätig werden müssen, holen wir einen anderen Kollegen ins Boot. Fertig sind wir mit unseren Ermittlungen jedenfalls noch nicht." Schlichtings ließ keinen Einwand aufkommen.

Die nächsten Tage würden für alle der Kommission arbeitsreich werden. Der Vergleich der Fingerabdrücke auf dem Adrenalinpen mit den von Steinhagen abgegebenen Abdrücken würde sicher am nächsten Morgen vorliegen. Von dem Ergebnis hing es ab, ob alle Personen, die Zutritt zum Zimmer des Toten hatten, befragt werden müssten.

„Soweit ich weiß, können alle diejenigen, die im Verwaltungsgericht arbeiten, mit ihrem Schlüssel in jedes Zimmer. Nur wenige schutzwürdige Räume haben besondere Schlösser." Ella berichtete ausführlich über ihre Erfahrungen während ihres Studentenpraktikums. Das lag zwar schon einige Jahre zurück. Aber auf Nachfrage im Gericht war ihr mitgeteilt worden, dass sich insoweit nichts geändert hatte.

„Verstehe ich das richtig? Alle Mitarbeiter des Gerichts einschließlich der Schreibkräfte, der Geschäftsstellen und der Wachtmeisterei haben freien Zutritt zu den Zimmern?" Susan von dem Felde meldete sich selten bei den Besprechungen zu Wort. Sie hoffte, in den nächsten Tagen, während ihre Kinder beim Vater sein würden, ihr Privatleben wieder in bessere Bahnen lenken zu können. Arbeit bis in die Abendstunden konnte sie da nicht gebrauchen.

„Hinzu kommt noch das Reinigungspersonal. Wie viele Personen das genau sind, weiß ich jetzt nicht. Selbst wenn wir diejenigen nicht mitrechnen, die zurzeit im Urlaub sind, käme da Einiges auf uns zu." Schlichtings Antwort war nicht das, was Susan hören wollte.

„Um die Zeit nicht zu verplempern, müssen wir uns morgen früh noch einmal den Wachtmeister vornehmen, der Kaufmann gefunden hat. Bin gespannt, ob der Steinhagens Aussage bestätigen kann. Und dann natürlich die zuständige Geschäftsstellenmitarbeiterin. Die beiden Richter aus Kaufmanns Kammer haben wir auch noch nicht vernommen. Das sind die Proberichterin Frau Pottschmidt und ein Herr Herzog. Vielleicht erfahren wir von denen auch etwas über das Verhältnis zwischen Kaufmann und Steinhagen. Es wäre gut, wenn alle freiwillig ihre Fingerabdrücke abgeben würden … für den Fall, dass die Abdrücke auf dem Pen nicht von Steinhagen stammen sollten.

5. Kapitel: Klaus

Als der Ober kam und fragte, ob sie schon bestellen wolle, orderte Susan von dem Felde eine Cola light und erklärte, sie warte noch auf jemanden. Sie war eine viertel Stunde zu früh angekommen und sofort in das Restaurant gegangen, dem vereinbarten Treffpunkt. „Wer von uns zuerst da ist, geht am besten schon zum reservierten Tisch", hatte Klaus vorgeschlagen. Er würde sicher gleich erscheinen.

Es war ihr zweites Date. Seit drei Wochen war sie bei einer angesehenen Online-Partnervermittlung für sechs Monate angemeldet. Das war nicht gerade billig, aber auf den kostenlosen Singlebörsen tummelten sich zu viele, die nur ihr Vergnügen suchten, nicht aber eine feste Beziehung. Eine Freundin hatte in dieser Hinsicht sehr schlechte Erfahrungen gemacht. Bei diesem als Nr. 1 bewerteten Datingportal würde das sicher nicht passieren.

Susan wünschte sich einen finanziell unabhängigen Partner in ihrem Alter. Er sollte ihren Beruf und ihre Eigenständigkeit akzeptieren und sie als gleichberechtigt betrachten. Er selbst sollte auch berufstätig sein und keinen betreuungsbedürftigen Nachwuchs in seinem Haushalt haben. Susans Kinder, Emily und Leon, reichten ihr als Belastung aus. Sie erhoffte sich durch eine neue Beziehung mehr Freiräume und keine zusätzlichen Aufgaben. Eine Patchwork-Familie wollte sie auf keinen Fall gründen. Glücklicherweise konnte man auf der Seite nicht nur klipp und klar angeben, welches Alter, Aussehen und Charakter der Wunschpartner haben solle, sondern auch seinen bevorzugten familiären Hintergrund benennen. Die wichtigsten Punkte für eine funktionierende Beziehung waren für Susan Ehrlichkeit und Vertrauen von Beginn an. Die erfundenen Geschichten und Lügen ihres Ex-Ehemannes waren schließlich der Grund für ihre Trennung gewesen. Den

Fehler, solche Untugenden nicht zu beachten oder immer wieder zu verzeihen, wollte sie nicht noch einmal machen.

Der Anbieter rechnete dann nach diesen Wunschvorstellungen aus, welche Mitglieder am besten zusammenpassten. Auf dieser Grundlage wurde ihr Klaus gleich am ersten Tag mit einer Übereinstimmung von mehr als 80 % vorgeschlagen.

Auf dem Foto sah er attraktiv aus und er entsprach mit achtundvierzig Jahren ihrem Wunschalter ‚zwischen vierzig und neunundvierzig'– Susan selbst hatte gerade ihren dreiundvierzigsten Geburtstag gefeiert. Seine beiden Kinder waren schon aus dem Haus und studierten in einer anderen Stadt. Sein Motto ‚großer Junge, der neugierig durchs Leben tobt, sucht reife Sie über vierzig' gefiel ihr sehr gut. Seine Antwort bei den Angaben zu seinen persönlichen Vorlieben und Gewohnheiten auf die Frage „Können Sie kochen" mit „ein eindeutiges Nein", hielt Susan zwar zunächst davon ab, ihn anzuschreiben. Die Leute der Partnerbörse gaben ihren Mitgliedern aber den Tipp, nicht gleich wegen jeder Kleinigkeit davon abzusehen, in Kontakt mit einer anderen Person zu treten. Ihr Hinweis „Wenn Sie einen perfekten Menschen suchen, werden Sie auch bei uns nicht fündig werden. Denken Sie immer daran, dass auch Sie kleine Fehler haben, die der neue Partner akzeptieren soll", gab schließlich den Ausschlag, sich doch bei ihm zu melden.

Seine Antwort kam prompt und sie trafen sich am letzten Wochenende in dem von ihr vorgeschlagenen Restaurant, ‚ihrem Griechen'. Der Abend war sehr nett und so kam es zu der zweiten Verabredung, wobei nun Klaus den Ort vorschlagen durfte.

Wenn dieses Treffen auch gut laufen würde, wollte Susan ihn zu sich nach Hause einladen. Die Kinder sollten natürlich nicht da sein. Vorsichtshalber war sie sogar schon bei ihrer Frauenärztin gewesen, um sich die Pille wieder verschreiben zu lassen, die sie eine Zeit lang nicht genommen hatte. „Spätestens beim dritten Date musst du ran an den Speck", erklärte ihre Freundin ihr:

„Du willst doch nicht die Katze im Sack kaufen."

Susan war rechtzeitig losgefahren. Sie wollte auf keinen Fall zu spät kommen. Anders als erwartet, verfügte das Restaurant über einen großzügigen Parkplatz und es waren noch reichlich Plätze frei.

Punkt 20:00 Uhr erschien ihre Verabredung. Ein älterer Herr, der zuvor hinter dem Tresen gestanden hatte, eilte auf ihn zu und begrüßte ihn mit Handschlag. Strahlend trat Klaus an ihren Tisch. Ehe sich Susan versah, griff er ihre rechte Hand und küsste galant den Handrücken oder besser gesagt, er deutete einen Kuss an. Spontan musste Susan an den Ausdruck Luftikus denken. Der junge Mann am Nebentisch blickte aus den Augenwinkeln zu ihnen herüber und sah dann feixend seine Begleiterin an.

Klaus hatte schon grau melierte Schläfen und um die Augen einige markante Lachfalten. Das stand ihm gut. Herren im mittleren Alter sehen oft besser aus als ganz junge Männer, dachte Susan. Sie hatte im letzten Jahr die ersten weißen Haare bei sich bemerkt und sie sofort ausgerissen. Aber sie kamen immer wieder und vermehrten sich sogar. Nach der wenig charmanten Warnung ihres Sohns Leones, sie hätte sicher bald eine Glatze, wenn sie weiter regelmäßig ihre Haare herausrupfen würde, ließ Susan sich auf Ratschlag ihrer Friseurin blonde Strähnchen einfärben.

Klaus setzte sich und sofort erschien der Ober. Noch ehe der nach einer Bestellung fragen konnte, legte ihm sein Gast die Hand auf einen Unterarm: „Zweimal euren Kabeljau mit der großartigen Senfsauce und dazu zwei Gläser Prosecco vorweg. Den Wein suche ich noch aus."

„Ich wollte eigentlich ..." Susan kam nicht zu Wort, denn ihr Gegenüber winkte ab: „Vertrau mir einfach."

Susan mochte keinen Fisch. Als Kind musste sie alle zwei Wochen freitags gekochten Dorsch essen. Regelmäßig hatte sie sich dabei an einer Gräte verschluckt. Seit einiger Zeit sagte man zum

Dorsch wohl Kabeljau. Der Geschmack dürfte sich jedoch nicht geändert haben. Aber sie wollte den Abend nicht gleich mit einer Debatte über das Essen verderben.

Der Kellner erschien nahezu umgehend mit den Prosecco-Gläsern. Als Klaus eine Flasche Wein bestellen wollte – es war der teuerste auf der Karte – erklärte Susan, dass sie keinen Alkohol wolle. Sie sei mit dem Auto da und trinke grundsätzlich nichts, wenn sie fahren müsse. Das Glas Prosecco – die Füllung hatte die 0,1 ml Marke nicht einmal erreicht – würde sie aber gern zu sich nehmen.

Ihr Begleiter verzog leicht die Mundwinkel. Die Flasche Wein bestellte er trotzdem. War er nicht mit dem Wagen unterwegs?

Das Gespräch wollte zunächst nicht so richtig in die Gänge kommen. Als Susan über Leons Schulschwierigkeiten berichtete, lehnte sich Klaus in seinem Stuhl zurück und wischte sich mit der Serviette über den Mund: „Der braucht eindeutig ein paar klare Ansagen! Es wird Zeit, dass du wieder einen Mann im Haus hast."

Schließlich bestand er darauf, die Rechnung zu übernehmen. Obwohl die Leute von der Partnerbörse empfahlen, dass bei den ersten Restaurantbesuchen jeder für sich zahlen sollte, machte Susan keine Einwände. Es hätte sicher keinen Sinn gehabt.

Als der Kellner aufs Haus für den Herrn noch einen Grappa und für die Dame eine Tasse Espresso auf den Tisch gestellt und gegangen war, langte Klaus plötzlich in seine Brieftasche, holte eine Karte heraus und legte sie Susan vor die Nase: „Das solltest du vor unserem nächsten Treffen vielleicht wissen – aber das ist sicher kein Problem!" Sie musste zweimal hinsehen, bis sie erkannte, was er ihr zeigen wollte. Es war sein Personalausweis. Sie blickte etwas irritiert darauf, bis sie die entscheidende Zeile erkannte: „geb. am 7. Januar 1963", ihr Date war 56 Jahre alt.

6. Kapitel: Vernehmungen im Gericht

Pünktlich um halb acht stand Benjamin Lukas in der Eingangshalle des Hauses der Gerichte und wartete auf Müller, Ella Sturm und Susan von dem Felde. Sicher würden die Kollegen ihn fragen, wie es seiner Frau und dem Baby in ihrem Bauch gehe und er hatte sich schon eine Erklärung zurechtgelegt. Sie sei noch im Krankenhaus, würde er sagen, und man habe bei ihr Wehentätigkeit festgestellt. Mit dieser Erläuterung würde sie jedenfalls nicht als hysterisch und er nicht als Weichei dastehen.

Svenja war tatsächlich im Krankenhaus. Insoweit wären seine Angaben immerhin nicht ganz falsch. Allerdings konnte von Wehentätigkeit keine Rede sein. Man behielt sie nur dort, weil sie unbedingt in der Klinik bleiben wollte. Aber Lukas musste seinen Kollegen nichts vorschwindeln. Keiner von ihnen fragte nach dem Befinden seiner Frau.

Der letzte Abend erschien Lukas wie ein Albtraum. Svenja hatte ihn zu Hause schluchzend empfangen und ihm allerhand Vorwürfe gemacht, weil er nicht früher gekommen war. Sie war schon seit zwei Wochen krankgeschrieben. Bei der zu diesem Zeitpunkt erfolgten Untersuchung hatte der Frauenarzt allerdings ohne Umschweife erklärt, dass sein Attest allein Svenjas Beruhigung dienen sollte. Leider war ihr psychischer Zustand seither nicht besser geworden. Sie war unfähig, irgendetwas zu tun, und ununterbrochen auf sich und ihren Bauch fixiert. Ständig rief sie Benjamin an und machte ihm Vorwürfe, wenn er nicht sofort reagierte und nicht umgehend nach Hause kam, um sich um sie zu kümmern. Ihm war nicht entgangen, dass einige der Kollegen des LKA ihn hinter vorgehaltener Hand bereits als Pantoffelhelden bezeichneten. Dazu gehörte mit Sicherheit auch Müller, mit dem er nun auch noch in dem aktuellen Fall zusammenarbeiten musste.

Svenja war sich sicher, dass das Kind noch in derselben Nacht kommen würde. Wenn sie nicht sofort ins Krankenhaus käme, hätte das Baby in der 28. Schwangerschaftswoche kaum eine Überlebenschance oder es würde zumindest sein Leben lang schwere Behinderungen davontragen, redete sie auf ihn ein. Deshalb waren sie mit gepacktem Koffer in die Klinik gefahren. Die behandelnde Ärztin versuchte zwar, beruhigend auf Svenja einzuwirken, um sie dann wieder nach Hause zu schicken. Als ihr das nicht gelang, hielt sie es aber dann doch für besser, sie über Nacht im Krankenhaus zu lassen, obwohl nicht die geringsten Anzeichen für eine kurz bevorstehende Geburt erkennbar waren.

Benjamin war das Ganze peinlich. Erst der hysterische Anruf seiner Frau vor den Kollegen mitten in einer wichtigen Besprechung, dann ihr Auftritt im Krankenhaus. In sehr angespannter Stimmung war er allein aus der Klinik nach Hause gefahren. Nach vielen unruhigen Nächten schlief er aber die letzte Nacht endlich einmal durch.

***

Gleich zu Beginn der Vernehmung des Wachtmeisters Sörensen surrte Benjamin Lukas' Telefon. Er griff in seine Hosentasche und stellte den Benachrichtigungston ganz aus. Er wollte sich ganz auf die Vernehmung konzentrieren. Sörensen bestätigte nicht nur Steinhagens Angaben, sondern seine Aussage brachte noch weitere Details zutage: „Es stimmt, dass der Anwalt mich so gegen 8:15 Uhr vor dem Sitzungssaal angesprochen und nach

Dr. Kaufmann gefragt hat. Ich hatte den Vorsitzenden an dem Tag noch nicht gesehen. Ich habe Steinhagen gesagt, ich würde nachsehen, ob der Richter jetzt im Hause ist. Ich habe ihn dann tatsächlich in der Geschäftsstelle getroffen. Frau Gerke, die Geschäftsstellenverwalterin, war auch dabei. Dr. Kaufmann sagte mir, ich sollte ihm Steinhagen vor der Sitzung bloß vom Hals halten. Das habe ich auch gemacht. Ich bin zurück zum Sitzungssaal gegangen und habe dem Anwalt erklärt, dass der Vorsitzende noch nicht da sei."

„Da haben Sie den Anwalt ja angelogen. Befolgen sie alle Anweisungen Ihrer Vorgesetzten, auch wenn sie lügen müssen?" Müller blickte mit provokativ vorgerecktem Kinn auf den Wachtmeister.

Die Antwort kam, ohne zu zögern: „Die Richter sind nicht meine Vorgesetzten. Aber jeder wusste, dass Kaufmann sehr unangenehm werden würde, wenn man nicht tat, was er wollte. Es war vielleicht falsch, Steinhagen anzulügen. Aber ich dachte, dass die beiden ja ohnehin in wenigen Minuten miteinander in der Sitzung sprechen würden. Deshalb fiel es mir auch nicht sehr schwer, nicht ganz die Wahrheit zu sagen."

Der Wachtmeister ließ sich ohne Einwände seine Fingerabdrücke abnehmen.

***

Die anschließend durchgeführte Vernehmung der sehr attraktiven Mitarbeiterin Alina Gerke brachte zumindest neue Einblicke in die Interna des Verwaltungsgerichts. Schon bevor die Anhörung begonnen hatte, brach sie in Tränen aus. Ohne dass Lukas oder Müller nachfragen mussten, erzählte sie von ihrem ‚Superverhältnis' zu dem Vorsitzenden der Kammer, deren Geschäfte sie verwaltete: „Er wurde sicher nicht von allen geliebt, weil er immer direkt und deutlich sagte, was er wollte und was er für richtig hielt. Ich kam aber ganz toll mit ihm aus und es gab nie Probleme zwischen uns." Im Übrigen bestätigte sie sowohl Sörensens als auch Steinhagens Angaben: „Dr. Kaufmann war etwa Viertel nach acht in der Geschäftsstelle. Dann kam Herr Sörensen und erzählte ihm, dass der Anwalt Steinhagen ihn vor der Sitzung noch sprechen wollte. Dr. Kaufmann hat ihn gebeten, er solle den Mann abwimmeln. Wörtlich hat er gesagt, er solle ihn ihm vom Hals halten."

Die Frage, wann Dr. Kaufmann am Tag vor seinem Tod das Gericht verlassen habe, konnte sie allerdings nicht beantworten: „Wir sind schon gegen 16.30 Uhr nach Hause gefahren. Da war Dr. Kaufmann noch hier."

Als Müller, der vorher der Vernehmung nur etwas gelangweilt und scheinbar unaufmerksam gefolgt war, einhakte: „Wen meinen Sie denn mit ‚wir'?" zeigte sich, dass Alina Gerke und der Wachtmeister Sörensen zusammen das Gericht verlassen hatten, um in ihre gemeinsame Wohnung zu fahren.

***

Währenddessen hörten Ella Sturm und Susan von dem Felde die beiden Richter an, die in der von Kaufmann geleiteten Kammer tätig waren. Ella Sturm fiel sofort auf, dass die recht junge Proberichterin Anna-Lena Pottschmidt ihren Vorsitzenden an Körpergröße deutlich überragt haben musste. Sie erinnerte sich daran, dass sie selbst während ihres Studienpraktikums ihren Ausbilder als ziemlich kleinen Mann empfunden hatte. Sie konnte ihm bei ihrer Körpergröße von 1,62 m direkt in die Augen blicken. Pottschmidt war seit drei Jahren im Gericht und würde in wenigen Tagen in eine andere Kammer kommen. „Während der Probezeit muss man verschiedenen Kammern angehören, damit man unterschiedliche Gebiete kennenlernt und auch, damit nicht nur ein Vorsitzender abschließend die Leistungen beurteilt", erläuterte sie. In der Kammer habe eine sachliche Arbeitsatmosphäre geherrscht.

Zu dem anderen Beisitzer der Kammer, Karl-Heinz Herzog, passte der altmodische Ausdruck ‚beflissen'. Er schwärmte geradezu von seinem verstorbenen ‚Boss' als einem herausragenden Juristen und hervorragenden Leiter der Kammer.

Beide Richter wussten, dass Dr. Kaufmann hochgradig allergisch gegen Wespenstiche war. Zu einer Beratung gut zwei Wochen zuvor habe Herzog einige Stücke Kuchen aus einer Bäckerei nahe dem Haus der Gerichte besorgt, berichteten sie übereinstimmend. Während der heißen Tage seien diese Insekten dort regelmäßig im Gebäck herumgekrabbelt. Eine davon habe zusammen mit den eingekauften Teigwaren den Weg in die Tüte gefunden. Während der Besprechung sei sie aus ihrer Behausung gekrochen und habe Dr. Kaufmann gestochen. Nur wenige Minuten später habe der Vorsitzende über starke Atemnot geklagt. Herzog habe sofort einen Krankenwagen geholt, der Dr. Kaufmann in das St. Georg Krankenhaus gebracht habe.

Beide Richter waren auch darüber informiert, dass man ihrem Vorsitzenden dort ein Notfallset verordnet hatte. Er habe ihnen am Tag darauf ausführlich die Funktion der ihnen präsentierten Medikamente erläutert.

***

Noch während die vier Ermittler nach den Vernehmungen einen kleinen Imbiss in einem Café einnahmen, klingelte Müllers Handy: „Bei euch nimmt auch keiner ab, was? Ich habe schon mehrfach versucht, Benjamin zu erreichen," es war Schlichting, „kommt bitte gleich zurück ins LKA. Die Fingerabdrücke auf dem Adrenalinpen stammen nicht von Steinhagen. Wir müssen überlegen, wie wir weiter vorgehen wollen. Habt ihr die Abdrücke von allen Vernommenen?"

Müller bejahte die letzte Frage. Benjamin Lukas sah auf sein Handy. Er hatte ganz vergessen, den Benachrichtigungston nach den Vernehmungen wieder anzuschalten. Es waren neun eingehende Anrufe zu verzeichnen. Der letzte stammte von Schlichting, die übrigen von seiner Frau.

7. Kapitel: Sörensen wird beschuldigt

„Sörensen konnte sich angeblich erst daran erinnern, dass er den Adenalinpen angefasst hat, als wir ihn mit dem Ergebnis der daktyloskopischen Untersuchung konfrontiert haben", fasste Schlichting die Vernehmung des Wachtmeisters zusammen.

Der Ermittlungsleiter hatte genauso wenig wie seine Kollegen damit gerechnet, dass die Spuren an dem Pen so schnell zugeordnet werden könnten, jedenfalls nicht, nachdem der Vergleich mit Steinhagens Abdrücken negativ ausgefallen war.

„Er behauptete, er habe gleich, nachdem er Dr. Kaufmanns Zimmer betreten habe, gesehen, dass etwas Ungewöhnliches auf dem Tisch lag", ergänzte Müller die Zusammenfassung seines Chefs. „Angeblich dachte er, Kaufmann hätte sich vielleicht umgebracht. Deshalb will er einen der Adrenalinpens in die Hand genommen haben, um sich den Gegenstand näher anzusehen. Er sagte uns, er hätte nicht gewusst, um was für eine Spritze es sich handelte."

Diese Informationen reichten Susan noch nicht aus: „Ihr habt ihm doch sicher gesagt, dass er aufgrund der Spuren verdächtig ist, den Richter umgebracht zu haben? Und wie hat er sich dazu eingelassen?"

Schlichting ergriff wieder das Wort: „Er hat gleich behauptet, er habe mit Kaufmanns Tod nichts zu tun. Sonst wäre er niemals so dumm gewesen, seine Fingerabdrücke zu hinterlassen. Außerdem bestritt er, irgendein Motiv für einen Mord an dem Mann zu haben."

Ungewöhnlich für diese Runde trat plötzlich einen Moment Stille ein, die Susan von dem Felde beendete: „Ich denke, dass Steinhagen jetzt als Verdächtiger gestrichen werden kann, oder wie seht ihr das?"

„Das sehe ich anders!", griff Schlichting sofort ein. „Wir können zwar davon ausgehen, dass er an Kaufmanns Todestag ab kurz nach acht Uhr vor dem Sitzungssaal saß. Er könnte aber die Wespe bei seinem ersten Besuch auf dem Richterflur in das Sitzkissen platziert und die Spritzen manipuliert haben. Er hat zwar behauptet, Kaufmanns Zimmer sei abgeschlossen gewesen, aber es ist ja nicht ausgeschlossen, dass er uns in diesem Punkt angelogen hat."

„Nun, dann müsste er etwas von der Allergie Kaufmanns gewusst haben und er müsste die Spritzen sehr schnell gefunden haben, während er im Zimmer war, oder?", überlegte Ella laut, „Kaufmann wird sie ja sicher nicht offen auf seinem Schreibtisch aufbewahrt haben."

Susan von dem Felde pflichtete ihr bei: „Außerdem müsste ihm die Funktionsweise der Dinger bekannt gewesen sein und er müsste sie auch noch ausgelöst haben, bevor jemand ins Zimmer kommen konnte."

„Und was für ein Motiv soll der Wachtmeister haben?" Es war für alle erkennbar, dass Müller den Anwalt nach wie vor als Hauptverdächtigen ansah.

„Ihr merkt, es gibt noch viele Fragen, die wir klären müssen," beendete Schlichting die Diskussion, „Sörensen hat bei seiner Vernehmung zu erkennen gegeben, dass er Kaufmann nicht besonders mochte. Aber das reicht natürlich als Motiv nicht aus. Wir müssen in Sörensens Umfeld, insbesondere bei seinen Kollegen im Gericht, Erkundigungen über sein Verhältnis zu Kaufmann einholen. Gab es in letzter Zeit einen besonderen Vorfall, der die Annahme rechtfertigt, dass der Wachtmeister mehr als nur eine allgemeine Abneigung gegen den Richter hegte? Vielleicht kann einer aus der Wachtmeisterei uns dazu etwas erzählen oder ein Mitarbeiter aus einer Geschäftsstelle. Bei Steinhagen hätten wir ein Motiv, aber wie und wann er die Spritzen manipuliert und die Wespe versteckt haben sollte, ist in der Tat sehr fraglich. Anders als Sörensen dürfte er nicht jederzeit Zugang zu dem Zimmer des

Toten gehabt haben. Auch dazu könnten Mitarbeiter des Gerichts eventuell mehr wissen, zum Beispiel die Person, die in der Eingangshalle am Informationsstand sitzt. Eventuell weiß Frau Bader-Kaufmann etwas darüber, ob Steinhagen über die Allergie ihres Mannes Bescheid wusste. Sie hat ja immerhin das Telefonat zwischen ihnen belauscht. Möglicherweise hat Kaufmann ihr anschließend etwas darüber erzählt. Heute Nachmittag und morgen müssen wir übrigens erst einmal zu viert arbeiten. Benjamin hat sich für zwei Tage Urlaub genommen."

***

Ella konnte sich gedanklich auch an diesem Abend nicht von ihrer Ermittlungsarbeit lösen. Sie zog gleich nach ihrem Eintreffen zu Hause eine kurze Hose und ein leichtes T-Shirt über und öffnete das Schlafzimmerfenster weit. Nun saß sie mit angezogenen Beinen auf dem Bett. Eine Flasche Bier aus dem Kühlschrank stand neben ihr auf dem Nachttisch, während Jan immer noch am Schreibtisch saß und lernte und dabei Nüsse und Rosinen aus einer großen Tüte mit Studentenfutter knabberte. Nun drehte er sich auf seinem Stuhl zu seiner Freundin um: „Nun erzähl schon! Habt ihr noch etwas herausgefunden, was euch bei der Lösung des Mordfalles weiterbringen könnte?"

Sie lutschte an ihrer Flasche. „Um ehrlich zu sein, sind wir nicht wirklich weitergekommen. Wenn man es ganz genau nimmt, sind wir nicht einmal einhundertprozentig sicher, ob Kaufmann tatsächlich umgebracht wurde oder ob es doch nur ein Unfall war."

„Aber ihr habt doch jetzt sogar zwei Verdächtige. Ich verstehe nicht ganz, was dir so zu schaffen macht!"

„Klar, der Wachtmeister Sörensen ist jetzt auch verdächtig, allein schon deshalb, weil wir seine Fingerabdrücke auf einer deSpritzen dem Wachtmeister zuordnen konnten. Mein Bauchgefühl sagt mir aber, dass wir da nicht die Richtigen am Angelhaken haben. Komisch kommt mir vor allem die Aussage der Geschäftsstellenverwalterin vor. Sie scheint nach Müllers und Lukas' Angaben ziemlich intelligent und tüchtig zu sein. Beide hätten niemals gedacht, dass sie mit dem Wachtmeister liiert ist. Der kann ihr offenbar nicht das Wasser reichen. Was ich aber noch viel weniger verstehen kann, ist ihr angeblich so gutes Verhältnis zu Dr. Kaufmann."

„Willst du damit sagen, dass sie mit dieser Behauptung lügt oder dass sie sogar als Täterin in Betracht kommt? Das kann ich mir beim besten Willen nicht vorstellen. Es ist doch der Klassiker, dass Sekretärinnen ihren oft älteren Chef anhimmeln. Richter haben eben keine Sekretärin. An ihre Stelle tritt dann die attraktive Geschäftsstellenmitarbeiterin." Jan stopfte sich eine Handvoll der Nuss-Rosinen-Mischung in den Mund, stand auf und setzte sich neben Ella. Die nickte: „Solche Fälle mag es geben. Bei Kaufmann kann ich mir das aber nicht vorstellen. Als ich mein Praktikum im Verwaltungsgericht machte, war er vor allem in seiner eigenen Geschäftsstelle und der Schreibstube verhasst. Die rollten alle mit den Augen, wenn er auch nur in den Raum trat. Das war auch kein Wunder, er machte eigentlich jeden schlecht, der mit ihm zu tun hatte, vor allem diejenigen, die ihm untergeordnet waren. Das weißt du ja. Deshalb ist es mir ein Rätsel, wieso die Frau Gerke so begeistert von ihm gewesen sein will. Vielleicht ist sie ja masochistisch veranlagt, aber vielleicht will sie uns auch nur etwas vormachen."

Auch hierzu fielen Jan Gegenargumente ein: „Du weißt doch, dass Beziehungen zwischen Männern und Frauen für Außenstehende oft nicht nachvollziehbar sind. Mal ist eine Supersexbombe, auf die jeder Mann scharf ist, mit einem hässlichen alten Knacker liiert, mal ein attraktiver Mann, der jede kriegen könnte, mit einer zickigen Frau. Oder denk an uns, wer kann schon verstehen, dass so eine Superfrau wie du mit mir zusammen ist …?"

Ella wusste zwar, dass das nicht ganz ernst gemeint war, hörte das Kompliment aber trotzdem gern. „Du redest von Liebesbeziehungen, da spielen ja vor allem Emotionen eine Rolle. Hier geht es aber um eine Beziehung zwischen Arbeitskollegen, wobei der eine die eindeutig übergeordnete Position innehat. Wenn die Angaben der Gerke über die tolle Beziehung mit Kaufmann stimmen sollten, dann kann das nur auf ihrem Stockholmsyndrom beruhen."

Jan wollte von seiner Idee mit der Liaison zwischen den beiden noch nicht abrücken: „Wer weiß, vielleicht geht es doch um eine echte Liebesbeziehung. Der Chef mit seiner ihm untergeordneten Mitarbeiterin. Das gibt es doch immer wieder. Erst himmelt sie ihn an und er fühlt sich gebauchpinselt. Irgendwann erwidert er ihre Gefühle. Oder anders herum: Er sieht ihre Jugend und Schönheit und macht sich an sie heran und sie fühlt sich geschmeichelt, weil ein im Dienstrang deutlich über ihr Stehender sich zu ihr herablässt und dann fühlt sie sich tatsächlich zu ihm hingezogen. Übrigens hättet ihr dann eventuell auch gleich ein Motiv für den Wachtmeister: Eifersucht!"

„Ich kann mir das einfach nicht vorstellen! Kaufmann war nicht nur deutlich älter als die Gerke. Er war auch alles andere als ein attraktiver Mann und dann noch ein Zwerg." Ella grinste ihren Freund an. Er wusste, worauf sie anspielte. Er, der mehr als zwanzig Zentimeter größer war als sie, hatte bei ihrer ersten Begegnung aus Spaß mit der Bemerkung „es riecht hier verdammt nach Zwerg" über ihrem Kopf hinweg in die Luft geschnüffelt, was sie damals nicht wirklich lustig gefunden hatte. Inzwischen konnte sie mit seinem Humor besser umgehen. „Wesentlich glaubhafter erscheint mir da das, was die Proberichterin sagte. Sie meinte, es habe in der Kammer eine sachliche Arbeitsatmosphäre geherrscht. Das war ja wohl eine geschickte Umschreibung ihres angespannten Verhältnisses zu Kaufmann."

„Vielleicht hat Kaufmann seine junge Kollegin ja gequält und sie hatte damit ein Motiv, ihn zu ermorden?" Ella winkte Jans Eingebung ab: „Es war schon lange geplant, dass sie als Proberichterin zum nächsten Ersten die Kammer verlässt. Warum sollte sie ihn dann kurz vorher umbringen?"

„Sag mal, wissen die anderen in der Kommission eigentlich, was für ein Armleuchter der Tote war? Es liegt doch auf der Hand, dass er sich viele Feinde gemacht hat, die sich an ihm gerächt haben könnten. Du hast ihn ja selbst erlebt." Jan traf da einen wunden Punkt. Ihr Versuch, den Kollegen etwas über den Toten und ihr Verhältnis zu ihm zu berichten, war in ihrer ersten Besprechung kläglich gescheitert.

Jan konnte zwar verstehen, dass Ella keine weiteren Bemühungen anstellen wollte, den Kollegen über ihre schlechten Erfahrungen mit ihrem früheren Ausbilder zu berichten. Denn ihr Praktikum bei Gericht und die Folgen für ihr Studium waren Umstände, die sie nicht gern herumerzählte. Jan erinnerte sich noch an die Diskussionen zwischen ihr und ihren Eltern, die versucht hatten, sie zu überreden, das Studium doch noch zu Ende zu führen. Gegen den Wunsch und zuerst sogar ohne das Wissen der Eltern verließ sie dann aber die Universität und ging auf die Polizeiakademie. Erst auf Jans Drängen hin beichtete sie den Wechsel erst einige Monate später. Ihre Eltern mussten diesen Schritt schließlich akzeptieren. Begeistert waren sie davon allerdings bis heute nicht. Es hatte auch lange gedauert, bis Ella ihr durch die Erfahrungen im Praktikum angekratztes Selbstbewusstsein wiedererlangen konnte. Es gelang ihm aber, sie davon zu überzeugen, dass ihre wichtigen Informationen über den Toten nicht ohne Weiteres durch Zeugenvernehmungen ans Licht kommen würden. Sie durfte ihr Schweigen nicht damit rechtfertigen, dass ihre Kollegen ihr bei der ersten Besprechung nicht richtig zugehört hatten, als sie ihnen etwas über ihren Kontakt zu Kaufmann erzählen wollte. Sie musste sie ja nicht gleich vor versammelter Mannschaft zum Besten geben.

8. Kapitel: Svenja

Benjamin kaufte für Svenja direkt an dem Stand vor der Klinik einen großen, ziemlich teuren Blumenstrauß. Nachdem er mit unsicherem Blick die feilgebotenen Blumen betrachtet hatte, empfahl ihm die schon etwas ältere Blumenverkäuferin: „Nehmen Sie am besten einen großen Strauß roter Baccararosen, da sind Sie auf der sicheren Seite." Normalerweise war Benjamin beim Kauf derartiger Präsente nicht so großzügig. Diesmal hielt er sich an den Rat.

Er war nach den abgehörten Nachrichten seiner Frau auf seinem Handy Hals über Kopf losgefahren. Wie konnte er sie nur so im Stich lassen!

Svenja hatte in der Nacht in der Klinik leichte Blutungen bekommen. Bei der Untersuchung am folgenden Morgen stellte die behandelnde Ärztin fest, dass der Muttermund bzw. der Gebärmutterhals bereits verkürzt war, ein Zeichen für bevorstehende Wehen. Das konnte man doch nicht ahnen, nachdem bei der Untersuchung am Vorabend noch alles in Ordnung schien und die Ärztin sie eigentlich sogar nach Hause schicken wollte.

Benjamin suchte nach einer überzeugenden Rechtfertigung, warum Svenjas Anrufe an ihn unbeantwortet geblieben waren. Die Wahrheit, dass er sie einfach ignorierte, weil er seine Frau für hysterisch hielt, sich belästigt fühlte und außerdem die lästernden Bemerkungen seiner Kollegen fürchtete, konnte er ihr nicht beichten.

Als er ihr angenehm temperiertes Zimmer betrat, sah Svenja zart und zerbrechlich aus in dem großen weißen Krankenhausbett. Sie lächelte ihn an. Sie sprach mit leiser, fast gebrochener Stimme. So kannte er sie nicht. Sonst war Svenja immer selbstbewusst und taff. Davon war nichts mehr zu merken. Trotzdem war Benjamin ein wenig erleichtert. Denn sie schien nicht mehr wütend auf ihn zu sein. Sie war nur mit sich selbst und ihrem Bauch beschäftigt oder besser gesagt, mit dem ungeborenen Kind in ihrem Bauch.

„Siehst du, ich habe doch recht gehabt. Ich habe gemerkt, dass da etwas nicht in Ordnung war. Die Ärztin sagte, ich müsse ein paar Tage in der Klinik bleiben. Ich soll nicht aufstehen, also die ganze Zeit liegen. Ich darf nicht mehr arbeiten, bevor das Kind da ist. Auch wenn ich wieder zu Hause bin, muss ich im Bett oder auf der Couch liegen bleiben. Sie sagt, dann wird alles gut."

Benjamin machte sofort einen Vorschlag, den er sich schon auf der Fahrt ins Krankenhaus überlegt hatte: „Ich nehme Urlaub und kümmere mich um dich. Ein paar Tage stehen mir in diesem Jahr noch zu. Anschließend habe ich Anspruch auf unbezahlten Urlaub, bis das Baby da ist. Das schaffen wir schon." Aber sie winkte gleich ab. „Ich habe schon mit Mama telefoniert. Sie kommt noch heute Abend mit der Bahn. Du holst sie ab. Sie kann dann bei uns im zukünftigen Kinderzimmer wohnen. Sie macht das gern und wird sich um alles kümmern. Das ist besser, glaub mir. Du willst ja auch noch Elternzeit nehmen, dann wird das Geld ohnehin knapp."

Benjamin empfand an sich keine Abneigung gegen seine Schwiegermutter Regina, eine pensionierte Lehrerin, jedenfalls nicht, wenn er sie nicht längere Zeit um sich haben musste. Für einen zweistündigen Kaffeebesuch konnte er sie aushalten. Aber für mehrere Wochen? Er konnte sich nicht vorstellen, dass das funktionieren könnte. Er versuchte aber erst gar nicht, etwas gegen diesen Vorschlag oder besser diese Entscheidung Svenjas einzuwenden. Es war die einfachste und beste Lösung. Und eigentlich sollte er sich freuen, dass seine Frau ständig unter Beobachtung und er damit entlastet sein würde. Außerdem hatte sie natürlich recht. Svenja würde nach dem Mutterschutz deutlich weniger Geld bekommen. Und seine geplante zweimonatige Elternzeit würde auch mit finanziellen Einschränkungen verbunden sein. Wenn er schon während der Schwangerschaft seiner Frau eine Zeit lang kein Gehalt bekäme, konnten sie sich bei Weitem nicht das kaufen, was sie eigentlich geplant hatten. Die Anschaffungen für das Baby würden ohnehin ein Loch ihn ihren Geldbeutel reißen."

Bevor Benjamin fragen konnte, weshalb die Ärztin am Abend zuvor nichts von der besorgniserregenden Entwicklung der Schwangerschaft bemerkt hatte, erschien diese im Zimmer: „Schwangere haben so etwas wie einen sechsten Sinn", erklärte sie ihm, „Sie gucken quasi in sich hinein und spüren die Probleme, noch bevor wir Frauenärzte sie sicher feststellen können. Es war absolut richtig, dass Sie gestern Abend hergefahren sind. So ist alles glimpflich verlaufen. Was sonst passiert wäre, möchte ich mir nicht vorstellen. Aber ihre schwangere Frau muss sich ab jetzt schonen. Je länger das Baby im Bauch bleibt, desto besser. Sie muss liegen, liegen, liegen und nichts sonst tun."

Zusammen mit der Gynäkologin verließ Benjamin das Krankenzimmer. Er musste noch Einiges vorbereiten, bis er seine Schwiegermutter abholen konnte.

„Gehen Sie künftig ans Telefon, wenn Ihre Frau Sie anruft. Jedenfalls in die nächsten Wochen bis zur Geburt!" Die Ärztin wartete mit diesem Rat, bis Svenja sie ganz bestimmt nicht mehr hören konnte.

9. Kapitel: Der Mensch Dr. Kaufmann

„Ella hat Informationen, die wir bei den weiteren Ermittlungen möglicherweise berücksichtigen müssen. Ich gebe ihr das Wort."

Sie war beeindruckt, wie geschickt Schlichting ihr Geständnis in dem am Morgen mit ihm geführten Gespräch in der Runde der Ermittler einführte. Er verlor kein Wort darüber, dass er sie sich nach ihrer Information über das, was sie über den Menschen Dr. Kaufmann aus ihrem Studienpraktikum wusste, ordentlich zur Brust genommen hatte: „Sie müssen immer alles erzählen, was sie über einen Toten oder einen Verdächtigen oder eine dritte Person, die bei den Ermittlungen eine Rolle spielen könnte, aus eigenen Erfahrungen oder auch nur vom Hörensagen wissen. Die Zeugen, auf die wir zumeist angewiesen sind, behalten vieles für sich und rücken allenfalls nur mit der halben Wahrheit heraus." Ella hörte auf Jans Rat und versuchte gar nicht erst, ihr Schweigen mit dem Verhalten der Kollegen bei der ersten Besprechung zu rechtfertigen. Schlichting konnte sich offenbar nicht einmal daran erinnern, dass sie angefangen hatte, etwas über ihr Praktikum während ihres Jurastudiums bei Dr. Kaufmann zu erzählen. Vermutlich war sie einfach nicht selbstbewusst genug aufgetreten. Ihr damaliger Bericht bestand ja auch nur aus einigen, wenig aussagekräftigen Sätzen.

Also legte sie den drei anderen – Lukas war auch wieder dabei – ausführlich dar, welche Erfahrungen sie mit dem Verstorbenen während ihres Praktikums gemacht hatte. Dabei ließ sie nach Absprache mit Schlichting all das weg, was ihre persönliche Erfahrung mit ihrem ehemaligen Ausbilder betraf. „Es ist nicht nötig zu erzählen, dass Dr. Kaufmann der ausschlaggebende Grund dafür war, dass Sie Ihr Studium aufgegeben haben und zur Polizeiakademie gegangen sind. Das ist für die weitere Bearbeitung unseres

Mordfalles ohne Bedeutung. Es geht um Kaufmanns Beziehung zu seinen Mitmenschen. Damit meine ich die Auszubildenden, die anderen Richter, die übrigen Mitarbeiter im Gericht und die Beteiligten in den Verfahren, die er zu bearbeiten hatte. Das kann uns Aufschluss darüber geben, wie wir die Ermittlungen weiterführen müssen, insbesondere, wen wir noch zu vernehmen haben."

Sie redete länger, als sie es sich vorher hätte vorstellen können. Sie beschrieb alle Details und war selbst überrascht, wie leicht ihr das über die Lippen ging. Am Ende trat, wie schon in der letzten Besprechung, eine kleine Pause ein.

Ella rechnete damit, dass einer ihrer Kollegen – sie dachte besonders an Müller – ihr Vorwürfe machen oder sie in irgendeiner Weise kritisieren würde, weil sie erst so spät mit ihren Informationen herausgerückt war. Es war aber Susan von dem Felde, die zuerst das Wort ergriff: „Danke, Ella, für deine offenen Worte. Das hätten wir bei den Anhörungen nie herausbekommen können. Eigentlich war es nur Sörensen, der sich kritisch über Kaufmann äußerte und zugab, dass er ihn nicht mochte."

„Du vergisst Steinhagen", erinnerte Müller „der hat sich ja auch nicht gerade positiv über Kaufmann ausgelassen."

Schlichting ergriff das Wort: „Jedenfalls scheinen wir mit den Befragungen noch lange nicht am Ende zu sein. Mit wem hatte Dr. Kaufmann Streit, mit wem war er verfeindet? War die Beziehung zu seiner Geschäftsstellenmitarbeiterin wirklich so gut oder hat die uns nur etwas vorgemacht?"

Der Ermittlungsleiter stand auf. Er musste noch einen unaufschiebbaren Termin in einer anderen Sache wahrnehmen. „Wir treffen uns in einer Stunde wieder. Vielleicht fällt euch inzwischen noch etwas Wichtiges ein!"

***

Ella wollte die Pause für einen Kaffee in der Cafeteria nutzen. Ihre Anspannung nach ihrem Geständnis vor Schlichting und ihrem

Vortrag vor den Kollegen war abgefallen und sie fühlte sich plötzlich erschöpft. Auch Susan nutzte die Unterbrechung für eine Tasse Kaffee. Sie saß mit einem Kollegen aus einer anderen Abteilung im erkennbar vertrauten Gespräch an einem Tisch. Ella kannte den Mann vom Ansehen. Er war in den letzten Tagen ein paarmal aufgetaucht und dann immer bei Susan von dem Felde hängengeblieben. Er war Mitte vierzig, mittelgroß und schlank, mit rotblondem, vollem Haar. Seine moderne Brille verlieh ihm das Flair eines Intellektuellen. Ein zurückhaltender, fast schüchterner Typ. Als Ella ihn das erste Mal sah, dachte sie, er sei der Dozent aus der Uni, der an diesem Tag in einem anderen Ermittlungsfall zur Anhörung vorgeladen worden war. Da Ella wusste, dass Susan geschieden war, dachte sie, dass die beiden eventuell eine Beziehung miteinander hätten. Deshalb wollte sie das Paar nicht stören und steuerte mit ihrem Kaffeebecher in der Hand einen anderen Tisch an.

Als Susan ihre Kollegin erblickte, machte sie aber mit dem Arm eine einladende Bewegung, der Ella folgte.

„Das ist Torben ein guter Freund und Kumpel!", stellte Susan die Art der Beziehung zwischen ihr und ihrem Begleiter gleich klar. „Das ist Ella, die Neue im Team."

Susan und Torben kannten sich schon sehr lange. Vor einigen Jahren, als Susan noch verheiratet war und er noch eine feste Freundin hatte, waren sie sogar mehrfach gemeinsam in ein Sommerhaus nach Dänemark in den Urlaub gefahren. Für Susans Kinder Emily und Leon war Torben dadurch zu einer Art Onkel geworden. Auch nach Susans Scheidung und Torbens Trennung von seiner Freundin vor ungefähr zwei Jahren war der freundschaftliche Kontakt zwischen beiden bestehen geblieben.

Susan hatte Torben von dem aktuellen Fall „Ein Toter im Haus der Gerichte" erzählt. Denn wie sie aus eigener Erfahrung wusste, war Torben wie der Tote gegen Wespenstiche allergisch und besaß ebenfalls ein Notfallset. An einem der wenigen schönen

Sommertage in einem ihrer Dänemarkurlaube war er am Nordseestrand von einem solchen Insekt gestochen worden. Sie war damals beeindruckt gewesen, dass er sogar am Strand eine Spritze bei sich führte und sofort einsetzen konnte. „Ich habe so eine Art Einführungskurs für die Anwendung der Pens bekommen", begann er seine etwas umständliche Erläuterung. „Es ist zwar an sich einfach, sie zu benutzen, aber wie bei vielen anderen Dingen auch nur dann, wenn man genau weiß, wie sie funktionieren. Man kann die Spritzen nur dann auslösen, wenn man sie gegen einen Gegenstand drückt, der ähnlich wie ein Oberschenkel beschaffen ist, der also einerseits fest ist, andererseits eine durchlässige Oberfläche besitzt. Die Spritze reagiert dagegen nicht, wenn man sie einfach in die Luft hält oder zum Beispiel auf einen Tisch oder ein Buch drückt. Ich habe jedenfalls eine ganze Zeit gebraucht, bis ich verstanden habe, wie so ein Pen eingesetzt werden muss."

Ella und Susan sahen sich an. Beide dachten dasselbe: Es konnte Steinhagen kaum gelungen sein, die Spritze am Morgen des Todestages zu leeren. Während des Tagesgeschäfts im Gericht wäre es für jeden zu riskant gewesen, den Pen im Zimmer des später Verstorbenen an welchem Gegenstand auch immer einzusetzen. Es hätte ja jederzeit jemand hereinkommen können, insbesondere Dr. Kaufmann. Es lag doch wohl näher, dass jemand die Dinger schon vorher herausgeholt und sie an anderer Stelle unbrauchbar gemacht hatte, um sie dann wieder zurückzubringen.

***

„Vielleicht hat Kaufmann die bereits manipulierten Spritzen selbst ins Gericht mitgebracht!", eröffnete Susan die fortgesetzte Besprechung. „Ihm wurde doch ein Notfallset verschrieben, das er immer bei sich haben sollte, also sowohl bei sich zu Hause als auch an seinem Arbeitsplatz", ergänzte Ella. „Tja und wer sagt uns, dass die Spritzen nicht bereits ausgelöst waren, als er im Gericht eintraf, zum Beispiel von seiner Frau", führte Susan den Gedankengang fort.

Schlichting schüttelte den Kopf: „Ihr habt die Wespe vergessen, ohne die das Ganze nicht funktionieren kann. Und welches Motiv sollte seine Frau gehabt haben, ihn zu töten?"

„Ich habe zwar im Moment auch keine Idee, wie es ihr gelungen sein soll, die Wespe im Kissenbezug zu platzieren", meldete Ella sich zu Wort, „aber Eifersucht könnte ein mögliches Motiv für sie gewesen sein. Vielleicht war die Gerke von ihrem Chef so begeistert, weil sie eine Affäre mit ihm hatte. Dann hätte seine Ehefrau auch einen Grund gehabt, ihn umzubringen."

„Und Gerkes Freund Sörensen auch!", ergänzte Susan.

10. Kapitel: Eifersucht

„Die Vernehmungen zum Thema ‚Beziehungen unter den Mitarbeitern im Gericht' würde ich gern zusammen mit Ella durchführen", meldete sich Susan und Ella Sturm nickte ihr zu. Das war eine Steilvorlage für Müller: „Da lass ich die Spezialistinnen gern vor." Die beiden Frauen ignorierten seine offensichtlich ironisch gemeinte Bemerkung. Es kam Ella so vor, als ob er ein wenig neidisch war, dass Susan sie und nicht ihn, den alten Hasen, wie selbstverständlich als Partner für diese ganz speziellen Vernehmungen wünschte.

In den ersten Tagen der gemeinsamen Ermittlungen hatte Susan sie als Neue im Team noch sehr distanziert behandelt. Ella hatte das Gefühl, von der sechzehn Jahre älteren Kollegin nicht für voll genommen zu werden. Auch hatte Susan häufig auf sie einen etwas gehetzten und manchmal abwesenden Eindruck gemacht. Das änderte sich, als sie sich mehrmals – mehr zufällig als geplant – in der Cafeteria trafen. Susan berichtete beiläufig von ihren eigenen häuslichen Problemen und erwähnte dabei, dass sie als Kripobeamtin mit fast voller Stelle und ihren beiden Kindern kaum Zeit habe, sich einen neuen Partner zu suchen. Eine Wandlung in Susans Verhalten ihrer neuen Kollegin gegenüber löste Ellas Anmerkung aus: „Das würde ich über eine Partnerbörse machen. Da hast du viel größere Chancen, jemanden zu finden, der wie du auf der Suche nach einem ungebundenen Partner ist. Auf der freien Wildbahn kannst du zwar auch einen netten Mann finden, der ist dann aber garantiert verheiratet oder zumindest in einer festen Beziehung." Sie gab ohne Umschweife zu: „Ich habe mich tatsächlich schon mit jemandem über ein Datingportal getroffen!"

Susan lud Ella mit dem Vorschlag zu einer Tasse Kaffee ein, zu zweit über die bevorstehenden Anhörungen im Haus der Gerichte zu sprechen. Aber dann ging es zunächst nur um ihr verunglücktes Treffen mit Klaus vor ein paar Tagen: „Das ist so was von in die Hose gegangen, sag ich dir! So ein Blödmann! Jetzt frage ich mich, ob alle Männer so sind, die sich auf solchen Börsen tummeln, oder ob es da auch ein paar annehmbare Exemplare gibt."

Ella kannte einige Freundinnen, die ihren Partner oder die Partnerin auf diese Weise gesucht und gefunden hatten. „Hak' es einfach als Erfahrung ab und suche weiter", gab sie der Kollegin als Tipp, „du wirst schon noch den Richtigen finden."

„Danke, dass du dir das anhörst. Meine private Partnersuche gehört ja eigentlich nicht hierher. Aber meinen Kindern oder meinen Eltern kann ich natürlich nicht erzählen, dass ich mich heimlich mit fremden Männern treffe, und den Kollegen von der Kripo erst recht nicht. Jedenfalls nicht den männlichen."

„Mir schon, ich bin gespannt, wen du als Nächsten aufreißt!" Ella lachte, „Wer mit wem etwas hat oder haben möchte, wer wen betrügt und mit wem, das sind alles Sachen, die mich schon immer brennend interessiert haben. Müller hat schon recht, wir Frauen sind in Bezug auf Verhältnisse, Beziehungen und Eifersucht auch ohne besondere Ausbildung die wirklichen Spezialisten."

„Womit wir beim eigentlichen Thema wären." Susan zog ihr Notizbuch aus der Jackentasche", „ich habe gedacht, wir fangen bei den geplanten Vernehmungen in der unmittelbaren Umgebung der Gerke an, bei den Frauen, mit denen sie zusammenarbeitet …"

***

Das Thema ‚Sex am Arbeitsplatz' oder ‚Wer hat was mit wem?' schien am Verwaltungsgericht mehr Raum einzunehmen, als die beiden Kripobeamtinnen an einem Ort, an dem Justitia mit ihrer ausgleichenden Gerechtigkeit die Waagschale in ihren Händen hielt, vermutet hatten. Einige der Mitarbeiter*Innen schienen nur darauf gewartet zu haben, endlich frei von der Leber alles zu erzählen, was sie über den einen oder anderen Kollegen oder die eine oder andere Kollegin in diesem Zusammenhang wussten oder vermuteten oder auch nur von Dritten gehört hatten. Als Zeuge musste man schließlich die Wahrheit sagen. Da durfte, ja musste man alles unverblümt berichten.

Die kaum zwanzig Jahre alte Justizangestellte, die im selben Raum wie Alina Gerke als Geschäftsstellenverwalterin für eine andere Kammer des Gerichts arbeitete, tat sich in dieser Hinsicht in besonderem Maße hervor. Angeblich waren sie und die Gerke sogar privat befreundet. Davon war allerdings in ihrer Vernehmung nichts zu merken. Sie schien schon lange darauf gewartet zu haben, ihrer Kollegin und vermeintlichen Freundin eins auswischen zu können.

„Eigentlich wollte ich nichts Schlechtes über Alina sagen. Aber hier geht es ja wohl um mehr, schließlich ist ein Mensch ermordet worden", holte sie in ihrem Bericht aus, „es ist kein Wunder, dass Pierre, also Pierre Sörensen, auf Herrn Dr. Kaufmann sauer war. Vielleicht hätte er eher auf seine Freundin wütend sein sollen! Jedenfalls haben Herr Dr. Kaufmann und sie als seine zuständige Mitarbeiterin offen miteinander geflirtet. Direkt auf der Geschäftsstelle, wenn andere dabei waren, das muss man sich mal vorstellen! Also, ich habe mir gleich gedacht, dass da mehr sein muss als nur ein gutes Verhältnis zwischen dem Vorsitzenden einer Kammer und seiner Mitarbeiterin auf der Geschäftsstelle. Schön war er ja nicht, der Herr Dr. Kaufmann, und ehrlich gesagt auch viel zu alt für Alina." Die junge Angestellte stand von ihrem Stuhl auf, dessen Sitzfläche mit Kunstleder bezogen war. Sie löste den Stoff ihres knappen Minirocks, der an ihren Oberschenkeln klebte, ging zu dem aufgestellten, altmodischen Ventilator und stellte ihn auf die höchste Stufe ein. Eine angenehm kühle Brise wehte in Richtung der beiden Kriminalbeamtinnen. Beide trugen trotz der hochsommerlichen Temperaturen lange Hosen und T-Shirts. Allzu freizügige Bekleidung war bei den Vernehmungen für sie ein Tabu. Für die junge Angestellte schien es keine solche Kleiderordnung zu geben. Sie setzte sich wieder: „Aber sie glaubte ohnehin immer, dass sie zu etwas Höherem berufen sei. Sie wollte um jeden Preis beruflich und auch privat weiterkommen. So ein Verhältnis mit einem Richter, dazu noch mit einem Vorsitzenden, hätte jedenfalls genau zu ihr gepasst …" Sie hielt einen Augenblick inne, „also ganz genau weiß ich nicht, ob sie wirklich etwas miteinander hatten. Nicht, dass Sie mich da festnageln wollen. Zusammen gesehen habe ich die beiden nie, ich meine Hand in Hand oder so. Aber viele von uns haben sich gedacht, dass zwischen denen bestimmt etwas war, so wie die miteinander umgegangen sind."

„Haben Sie außer dem von Ihnen geschilderten Verhalten der beiden noch einen konkreten Hinweis in diese Richtung?", griff Susan von dem Felde ein, nachdem sie den Wortschwall der Justizangestellten bis dahin unkommentiert über sich hatte ergehen lassen.

„Das wollte ich gerade erzählen, also vor etwa zehn Tagen hat Herr Dr. Kaufmann den Pierre hier in der Geschäftsstelle so richtig runtergemacht. Es ging um ein eiliges Fax, das ihm als Vorsitzendem der Kammer nicht rechtzeitig vor einer Verhandlung übergeben worden war. Das Schreiben war mit der Aufschrift versehen ‚Bitte sofort dem Vorsitzenden Richter Dr. Kaufmann vorlegen'. Kaufmann war der Meinung, dass Sörensen das auf jeden Fall hätte sehen müssen, als es in der Wachtmeisterei einging, jedenfalls, wenn er darauf geachtet hätte, so wie es seine Pflicht gewesen wäre. Stattdessen legte er das Schreiben einfach zu den übrigen Eingängen auf die Geschäftsstelle. Pierre war sauer, weil Kaufmann nur ihm die Schuld gab. Dabei hätte Alina schließlich bemerken müssen, dass da ein ganz eiliges Schreiben eingegangen war. Sie war ja für seine Kammer zuständig. Außerdem hätte Kaufmann selbst die Eingänge durchsehen können. Andere Richter machen das regelmäßig vor einer Sitzung. Er ließ sich allerdings zu solchen untergeordneten Tätigkeiten nie herab. Das hatte er seiner Meinung nach nicht nötig."

Der andere Wachtmeister tat sich deutlich schwerer als die junge Justizangestellte der Geschäftsstelle mit einer Auskunft, die möglicherweise seinen Kollegen Sörensen belasten könnte. Schließlich rückte er dann aber doch mit einer für die Ermittler vollkommen neuen Information heraus: „Ich glaube nicht, dass Pierre irgendetwas mit dem Tod von Dr. Kaufmann zu tun hat. Das kann ich mir einfach nicht vorstellen. Aber eifersüchtig war er schon auf ihn. Er war ziemlich geknickt, als Alina seinen Heiratsantrag, bei dem er sich so viel Mühe gemacht hatte, abgelehnt hat. Er hat sogar geheult. Dabei hat er mir gegenüber erwähnt, dass Alina sich wohl zu Höherem berufen fühlt. Ich glaube, damit hat er ihre sehr gute Beziehung zu Dr. Kaufmann gemeint."

„Wie hat er denn den Heiratsantrag gemacht?" Ella wusste, dass diese Information bei der Lösung des Falls vermutlich nicht weiterhelfen würde. Aber derartige Details aus dem Privatleben anderer waren doch zu interessant.

„Er hat lauter Rosenblätter auf dem Bett verteilt und ihr den Weg dorthin mit Teelichtern ausgeleuchtet. Es gibt da eine Sendung auf RTL II über Hochzeiten und deren Vorgeschichten, da hatte er den Tipp her. Für die Vorbereitung seines Antrags nahm er sich extra am Nachmittag frei. Alina war anscheinend tatsächlich sehr überrascht. Sie reagierte allerdings nicht so, wie er sich das vorgestellt hatte."

***

„Das hörte sich alles verdammt nach Tratsch im Treppenhaus an, vor allem, was die Zimmerkollegin der Gerke uns erzählte." Ella und Susan waren ins LKA zurückgekehrt, um Schlichting einen kurzen Zwischenbericht zu geben, während Lukas und Müller noch mit Vernehmungen im Gericht beschäftigt waren.

„Und was hat die Gerke dazu gesagt?"

„Sie hat das in der Tat als Gerede abgetan. Die Kollegen seien neidisch auf sie, weil sie weit vor den anderen befördert worden sei. Sie blieb dabei, gut mit Dr. Kaufmann zusammengearbeitet zu haben, sonst sei zwischen ihnen nichts gewesen", fasste Ella die Vernehmung zusammen. „Das mit dem Heiratsantrag gibt sie übrigens zu, sagt aber, das sei eine private Sache zwischen ihr und Sörensen und habe nichts mit Dr. Kaufmann zu tun.

Ella und Susan waren gerade mit ihrem Bericht fertig, als Müller und Lukas das Dienstzimmer ihres Chefs betraten.

„Ich denke, wir gehen gleich zur Tagesbesprechung über." Der Ermittlungsleiter sah den von ihren Vernehmungen zurückgekehrten männlichen Kollegen sofort an, dass ihnen eine Neuigkeit auf den Nägeln brannte.

„Wir haben den Mann angehört, der am Todestag am Informationsstand des Gerichts in der Eingangshalle saß", fing Müller an, noch bevor er auf seinem Stuhl saß. „Dem war nichts aufgefallen. An Steinhagen konnte er sich allerdings erinnern, weil der schon vor acht Uhr vor der verschlossenen Tür stand."

„Es gibt aber mehrere Personen, die schichtweise an dem Informationsstand arbeiten", fiel ihm Lukas ins Wort, „nach Kaufmanns Tod erzählte ein Kollege unserem Befragten, dass er Zeuge eines lautstarken Streites zwischen Kaufmann und seiner Frau geworden war, als er ungefähr vor einer Woche am Infostand gesessen hatte."

„Dieser Kollege war gerade nicht im Dienst, also sind wir zu ihm nach Hause gefahren", übernahm Müller wieder, „er berichtete uns, dass das Gespräch zwischen den Eheleuten so laut gewesen sei, dass er zwangsläufig alles mitbekommen musste. Er kannte sowohl Kaufmann als auch seine Frau. Die Bader-Kaufmann ist offenbar häufig als Anwältin beim Strafgericht tätig und deshalb im Haus bekannt. Sie soll ihren Mann mit kreischender Stimme ausgezählt haben."

Schlichting unterbrach: „Was hat sie ihm denn nun vorgeworfen?"

„Das wollte ich ja gerade erzählen." Müller und Lukas gaben sich das Wort. „Sie soll so ungefähr gesagt haben: Wie kannst du mich nur so demütigen. Flirtest offen mit deiner Geschäftsstellenmieze. Du wusstest doch, dass ich dich nach Ende meines Strafprozesses hier im Haus abholen wollte."

„Und wie hat er reagiert?", Susan saß auf dem vorderen Drittel ihres Stuhls und hatte Glitzern in den Augen. Derart delikate Informationen, die das Verhältnis zwischen Männern und Frauen betrafen, waren ganz nach ihrem Geschmack.

„Davon hat der Wachtmeister nichts erzählt", ergänzte Müller, „Kaufmann hatte bei seiner Frau anscheinend nichts zu melden."

11. Kapitel: Geplatzte Vernehmungen

Schlichting bestand darauf, Frau Bader-Kaufmanns Vorladung, die per Telefon erfolgen sollte, selbst zu übernehmen. Da musste mit Fingerspitzengefühl vorgegangen werden, das war klar. Er würde es den anderen gegenüber zwar nicht offen zugeben, aber eigentlich traute er keinem von ihnen zu, eine solche Aufgabe so durchzuführen, wie er es für richtig hielt. Vor allem Müller, der erpicht darauf war, seine Stelle zu übernehmen, würde mit Sicherheit bei einem solchen Telefonat alles vermasseln. Wer in aller Welt könnte nach seiner Pensionierung derart schwierige Rollen übernehmen? Ob die geplante Anhörung eine Zeugenvernehmung werden würde oder ob die Ehefrau des Toten als Beschuldigte gelten und auch als solche vernommen werden sollte, würde sich wahrscheinlich erst im Laufe der Anhörung ergeben. Damit sollte man bei der fernmündlichen Vorladung besser noch hinter dem Berg halten.

Bei sich zu Hause war die Bader-Kaufmann offenbar nicht. Jedenfalls ging niemand ans Telefon.

„Anwaltsbüro ‚An der Außenalster', was kann ich für Sie tun?", in ihrer Kanzlei konnte Schlichting eine Mitarbeiterin erreichen. „Frau Bader-Kaufmann ist heute nicht im Büro" … „Nein auch in den nächsten Tagen wird sie nicht erscheinen, da sie verreist ist" … „Nein, weder mit dem Auto noch mit dem Flugzeug. Sie ist mit dem Zug in die Schweiz gefahren, zu einer Freundin nach Zürich, um sich zu erholen" … „Nein, die Anschrift kenne ich nicht." … „Das tut mir leid. Ich bin nicht befugt, Ihnen ihre Handynummer herauszugeben."

„Ohne die Aussage ihrer Chefin kommen wir mit unseren Ermittlungen nicht weiter", die Anwaltsgehilfin merkte, dass sich ihr Gesprächspartner nicht so schnell abwimmeln ließ, wie sie gehofft hatte. „Ihre Chefin hat Ihnen sicher nicht gesagt, dass Sie auch der Polizei diese Information nicht geben dürfen. Es geht immerhin um die Ermittlungen im Todesfall ihres Mannes. Ich kann mir nicht vorstellen, dass sie begeistert wäre, wenn wir da nicht weiterkämen, nur weil Sie als Mitarbeiterin die Handynummer nicht herausgegeben haben."

Es dauerte nur ein paar Minuten, bis Schlichting die Nummer notieren konnte.

**

Dreimal sprang der Anrufbeantworter auf dem Smartphone der Anwältin an, deren Nummer der Ermittlungsleiter im Abstand von jeweils fünf Minuten gewählt hatte. Endlich ging sie an den Apparat.

„Schön, dass ich Sie erreiche. Wir haben noch einige wichtige Fragen an Sie, die wir am besten im persönlichen Gespräch klären sollten. Ich möchte deshalb einen Vernehmungstermin mit Ihnen absprechen." Schlichting gab sich Mühe, sich möglichst vorsichtig heranzutasten.

„Ich habe noch nicht konkret geplant, wann ich aus Zürich wieder abreisen will. Eigentlich habe ich Ihnen schon alles gesagt, was ich weiß. Falls es noch wichtige Fragen geben sollte, können sie mir auch am Telefon gestellt werden." Das war allerdings nicht die Antwort, die der Kriminalhauptkommissar sich erhofft hatte.

Er merkte, dass es keinen Sinn haben würde, weiter um den heißen Brei herumzureden: „Nun, wir haben Informationen erhalten, die dafür sprechen, dass Sie eifersüchtig auf Ihren Mann waren. Und Eifersucht kann natürlich als Motiv für eine Tötung in Betracht kommen, gerade unter Eheleuten ... Hallo, sind Sie noch dran?"

Von der anderen Seite der Leitung vernahm Schlichting keine Reaktion, was ihm jedenfalls bei dieser Gesprächspartnerin untypisch erschien. Aber schließlich fand Frau Bader-Kaufmann ihre

Worte wieder: „Verstehe ich Sie richtig, dass ich jetzt als Beschuldigte gelte, auch wenn Sie mich bisher nicht entsprechend belehrt haben?" Der scharfe Ton, den der Kripobeamte schon mehrfach von der Ehefrau des Toten gehört hatte, war wieder da. „Zu den Vorwürfen werde ich nichts sagen. Jedenfalls nicht jetzt."

Nach knapp fünf Minuten war das Gespräch beendet. Schlichting musste sich eingestehen, dass ebenso gut einer seiner jüngeren Kollegen das Telefonat hätte übernehmen können. Ein schlechteres Ergebnis als er selbst hätte wohl keiner erzielt.

***

Lukas und Müller waren mit der Vernehmung des Wachtmeisters Pierre Sörensen ebenfalls nicht erfolgreich. Der hatte sich zwischenzeitlich anwaltlich beraten lassen, wie er erzählte, und wolle zunächst keine Angaben mehr machen.

12. Kapitel: Radfahrer Dr. Macke

Tobias Macke war an diesem Tag wieder viel zu spät dran. Es war schon Viertel vor acht. Das angekündigte abendliche Wärmegewitter war vorbeigezogen und die erhoffte Abkühlung ausgeblieben. Jedenfalls würde Macke auf der Heimfahrt nicht nass werden. Er hatte seinem Sohn versprochen, am Abend vor dem Zubettgehen mit ihm den Marvel Avenger Iron Man von Lego, das Geschenk für seinen Sprössling zu seinem achten Geburtstag, zusammenzubauen. Er wusste, dass es eigentlich dafür schon zu spät war. Denn die Kinder mussten selbst in der Ferienzeit bereits um 19:30 Uhr im Bett liegen. Dann wurde vorgelesen und um 20:00 Uhr wurde das Licht gelöscht. Seine Frau war mit den Schlafenszeiten der Kinder äußerst konsequent und er würde sie überreden müssen, den Jungen noch einmal aus dem Bett zu holen, um sich wenigstens eine halbe Stunde mit ihm zusammen mit dem Baukasten beschäftigen zu dürfen. Vermutlich würde er sich wieder anhören müssen, warum in aller Welt er keinen Abend vor 20:00 Uhr zu Hause war. „Ich denke, Richter sind unabhängig! Davon merkt man bei dir allerdings nichts", nörgelte sie ständig an ihm herum. Tobias Macke hoffte aber, dass die langen Dienstzeiten bald ein Ende haben würden. Seine Bewerbung auf die durch Dr. Kaufmanns Tod frei gewordenen Stelle als Vorsitzer würde wahrscheinlich Erfolg haben. Nach einer kurzen Anlaufphase könnte er seine Arbeitszeiten mit Sicherheit auf ein Normalmaß reduzieren und sich dann mehr um die Kinder kümmern.

Sein erst wenige Monate altes Trekkingrad hatte er am Morgen wie an jedem Wochentag an einen der Fahrradständer in der Tiefgarage des Gerichtshauses angeschlossen. Er schüttelte missbilligend den Kopf, denn es stand nun quer zum Ständer, und er musste es erst wieder in die ursprüngliche Position bringen, um das Schloss öffnen zu können. Er setzte den von der Stiftung Warentest mit ‚sehr gut' bewerteten Helm auf, ein Weihnachtsgeschenk seiner Frau, und schob sein Gefährt die Ausfahrt zum Berliner Tor hoch. Er wollte sich mit der Rückfahrt beeilen, um in etwa 40 Minuten zu Hause sein zu können. Die Bedingungen für eine rasche Heimkehr waren optimal. Die Straße war um diese Zeit relativ leer. Der neu ausgebaute, in seiner Fahrtrichtung stark abschüssige Radweg war unbefahren und er konnte sein Bike frei rollen lassen. Die nächste noch mindestens 100 m entfernt liegende Querstraße war von seiner Position aus gut einzusehen. Bisher war dort kein Fahrzeug in Sicht. Er nahm ordentlich Fahrt auf und fühlte sich großartig. Plötzlich tauchte doch noch ein Pkw auf dieser Nebenstraße auf, der sich mit mäßiger Geschwindigkeit auf den Steindamm zubewegte, in den der Fahrer nach links einbiegen wollte. Dort blieb er stehen, um die wenigen Fahrzeuge auf der Hauptstraße passieren zu lassen. Macke realisierte, dass er sein Fahrrad vor der Querstraße zum Abbremsen bringen musste. Das war ärgerlich, denn er hätte seine Fahrt gern ohne Unterbrechung fortgesetzt. Aber es war nicht nötig, die Geschwindigkeit schon jetzt zu reduzieren. Sein Fahrrad war bestens in Schuss und Macke wusste aus Erfahrung, dass er es rechtzeitig zum Stehen bringen würde, wenn er ungefähr fünfzehn Meter vor der Querstraße abbremste. Als diese Position erreicht war, zog er am rechten Bremsgriff. Er spürte die für den Bremsvorgang erwartete Gegenkraft, dann ein kurzes Knacken. Nur ein Bruchteil einer Sekunde später drückte er den Griff ohne jeglichen Widerstand der Mechanik an das Lenkrad. Er fühlte, dass auch die Bremse nicht reagierte. Hektisch zog er am anderen Bremsgriff. Wieder merkte er zuerst einen leichten Widerstand, vernahm ein knackendes Geräusch und dann nichts mehr.

Kein Quietschen war zu hören, nur ein lauter Knall, als das Rad gegen den stehenden Pkw prallte.

Dann ein dumpfer Schlag: Macke war über den Wagen geflogen

und auf der anderen Seite auf die Straße gestürzt. Dort blieb er regungslos liegen.

***

„Wird er überleben?", die junge Chauffeurin des Pkws hatte zwar geistesgegenwärtig einen Notarzt gerufen, musste jetzt aber selbst ärztlich versorgt werden. Sie stand unter Schock.

Einer der eingetroffenen Polizisten beruhigte sie: „Soweit ich sehen kann, trifft Sie keinerlei Schuld. Er scheint mit seinem Rad ungebremst in ihren Wagen gefahren zu sein. Sie konnten nichts machen, um das zu verhindern. Über seinen Zustand kann man jetzt noch nichts sagen."

Der andere Polizist winkte seinen Kollegen zu sich: „Guck dir das an. Auf beiden Seiten sind die Bremszüge aus den Griffen gerutscht. Ich nehme an, dass die Schrauben sich während der Fahrt gelockert haben. Das wird sich ein Gutachter genauer ansehen müssen."

***

„Dr. Macke ist zwar außer Lebensgefahr, nach Angaben der Ärzte aber zurzeit noch nicht vernehmungsfähig. Er hat wohl Glück im Unglück gehabt, weil er einen so guten Helm trug", fasste Schlichting seine Informationen über den Gesundheitszustand des Präsidialrichters nach dem Unfall zusammen. „Er hat aber eine schwere Gehirnerschütterung, diverse Knochenbrüche und einen Milzriss davongetragen."

„Ist das Fahrrad schon untersucht worden?", wollte Müller wissen.

„Ja. Mit dem Gutachter habe ich vorhin telefoniert. Die Überprüfung des Fahrrades spricht dem ersten Anschein nach für eine Manipulation an den Bremsen: Das Trekkingrad, übrigens in gehobener Preisklasse, war ziemlich neu und auch sonst bestens in Schuss. Macke fährt nach Angaben seiner Frau täglich mit dem Rad in den Dienst und zurück. Er soll ein geübter Fahrer sein.

Die Untersuchung hat ergeben, dass am Bike auf beiden Seiten die Inbusschrauben an den Bremsgriffen stark gelockert waren. Nach Aussage des Gutachters könnte es deshalb theoretisch auch ein Unfall gewesen sein. Die Schrauben könnten sich nach und nach gelöst haben, so meint er. Das musste dann rechts und links nahezu gleichzeitig passiert sein. Wenn ihr mich fragt, halte ich das für unwahrscheinlich. Allerdings soll Macke nach der Aussage der Fahrerin des Pkws, mit dem er kollidiert ist, vorher mit sehr hohem Tempo den Steindamm hinuntergesaust sein."

Ella hakte ein: „Wenn jemand an dem Rad herumgefummelt hat, dann müsste das während der Dienstzeit geschehen sein, als es in der Tiefgarage stand. Da hat, soweit wir wissen, jeder aus dem Haus mit seiner Schlüsselkarte freien Zutritt."

„Das stimmt," bestätigte Schlichting, „es gibt dort zwar Überwachungskameras. Die sind aber seit mehreren Wochen außer Funktion. Sie sollten durch neue ersetzt werden, aber es wurden die falschen geliefert. Das wurde erst nach der Demontage der schon entsorgten alten Kameras bemerkt. Die Nachfrage per E-Mail an alle Mitarbeiter, ob jemand in der Garage etwas Auffälliges bemerkt habe, blieb bis jetzt ohne Erfolg."

„Aber was haben wir damit zu tun?", warf Müller ein, „selbst wenn jemand an dem Fahrrad herumgebastelt haben sollte, kann ich keinen Zusammenhang zu Kaufmanns Tod erkennen!"

„Wir haben zwei Vorfälle innerhalb kürzester Zeit am selben Gericht. Opfer sind jeweils Richter. Einer ist tot, der andere ist schwer verletzt. Das kann natürlich Zufall sein. Aber wir sollten nicht von vornherein jeglichen Zusammenhang ausschließen", widersprach Schlichting, „wir müssen uns also fragen, ob jemand etwas davon haben könnte, sowohl Kaufmann als auch Macke aus dem Weg zu räumen."

„Oder vielleicht sogar noch einen weiteren Richter am Verwaltungsgericht", setzte Susan den Gedanken fort, „von dem wir nur noch nichts wissen und der selbst auch noch nichts von seinem bevorstehenden Unglück weiß." Anstelle einer Bemerkung zu dieser düsteren Prognose rollte Müller für alle sichtbar mit den Augen und schüttelte missbilligend den Kopf.

13. Kapitel: Richter und Karriere

Ella döste nach einem erschöpfenden Arbeitstag mit hinter dem Kopf angewinkelten Armen auf dem Bett. Es war schon nach neun Uhr abends. Es machte ihr zu schaffen, dass sie mit den Ermittlungen in ihrem Mordfall nahezu auf der Stelle traten. Hinzu kam die beinahe tropische Hitze.

Jan hatte den ganzen Tag gelernt und er saß immer noch an seinem Schreibtisch und stierte konzentriert auf einen vollgekritzelten Zettel, der vor ihm lag. Daneben stand ein Teller, mit kleinen aus einem großen Gouda geschnittenen Käsewürfeln, von denen er sich ab und zu ein Stück in den Mund steckte. Bis zu den Klausuren blieb ihm nur noch wenig Zeit und das Pensum, das er sich vorgenommen hatte, war noch lange nicht bewältigt. Der Examensdruck schien ihn nicht müde werden zu lassen.

„Na, erzähl schon, seid ihr endlich weitergekommen?" Ella war überrascht, denn sie war davon ausgegangen, dass Jan nur noch an seine Examensklausuren und natürlich ans Essen denken konnte. Tatsächlich war der Fall ‚Ein Toter am Haus der Gerichte' aber für ihn eine willkommene Ablenkung. Jans ohnehin auch zu normalen Zeiten sehr guter Appetit hatte sich während seiner Examenszeiten noch deutlich gesteigert, was sich aber nicht auf sein Körpergewicht auszuwirken schien. Er war und blieb dünn und schlaksig. Das Lernen schien bei ihm mit einem außerordentlichen Kalorienverbrauch einherzugehen. Ella erinnerte sich an ihre eigene Prüfungssituation in der Polizeiakademie. Bevorstehende wichtige Tests waren ihr schon immer derart auf den Magen geschlagen, dass sie sich zwingen musste, vernünftig zu essen, um nicht vom Fleisch zu fallen.

Ella öffnete die Augen. Selbst im Halbschlaf kreisten ihre Gedanken weiter um die Ermittlungen: „Wir überprüfen zurzeit, ob es jemanden gibt, der Zutritt zur Tiefgarage des Gerichts und zugleich ein Motiv hat, sowohl Kaufmann und Macke aus dem Weg zu räumen."

„Wenn Macke Vorsitzender wäre, wüsste ich ein Motiv!" Jan setzte sich ebenfalls aufs Bett. „Auch wenn die damit verbundene Gehaltserhöhung eher gering ist, sind viele Richter oft wie wild hinter den wenigen Beförderungsstellen her, auf die sie sich im Laufe ihrer Dienstzeit bewerben können. Wenn einer, der eine solche Stelle innehat, stirbt, wird sie sofort wieder ausgeschrieben. Du kennst doch Julian, den wir neulich auf der Party getroffen haben. Der hat jetzt an einem Amtsgericht hier in Hamburg als Proberichter angefangen. Und der hat gehört, dass Kaufmanns Stelle schon ausgeschrieben ist. Keine Angst, ich habe ihm keine Details erzählt, die ich von dir habe. Kaufmanns Tod und die Umstände, unter denen er gestorben ist, sind aber natürlich Thema in der Hamburger Justiz."

Ella setzte sich auf. Jan merkte, dass sie aufhorchte. „Soll ich mich mal umhören, welcher der Beisitzenden Richter am Verwaltungsgericht für eine solche Beförderung überhaupt dran wäre?"

Ella nickte. Sie musste zugeben, dass Jan als zukünftiger Jurist die Dinge immer wieder aus einem anderen Blickwinkel betrachtete als die Ermittler der Kripo. Vielleicht könnte das Ergebnis seiner Recherchen in ihrem Fall hilfreich sein.

**

„Es gibt zurzeit nur eine freie Stelle eines Vorsitzenden Richters am Verwaltungsgericht, eben die von Dr. Kaufmann", gab Ella Jans Informationen aus Insiderkreisen an die Kommission weiter. „Auf diese Stelle kann man sich jetzt bewerben. Das hat aber überhaupt nur dann Sinn, wenn man vorher das sogenannte Dritte Staatsexamen beim Oberverwaltungsgericht gemacht hat:

Beisitzende Richter, die schon einige Dienstjahre auf dem Buckel haben, müssen für einige Monate dort arbeiten. Abschließend bekommen sie eine Beurteilung, aus der sich ergibt, ob man sie für eine Beförderungsstelle als geeignet ansieht. Und nun haltet euch fest. Herzog, der in Kaufmanns Kammer Beisitzender Richter war, ist vor sieben Jahren beim Oberverwaltungsgericht gewesen. Er hat sich schon mehrfach auf freie Stellen beworben, aber jedes Mal wurde ein anderer genommen. Auf die Stelle von Kaufmann haben sich nur zwei Richter beworben, Herzog und Macke. Macke war gerade erst beim Oberverwaltungsgericht. Mein Freund hat aber herausbekommen, dass Präsidialrichter oft bei Beförderungen bevorzugt werden. Dafür müssen sie vorher einige Jahre erheblich mehr schuften als ihre Kollegen."

„Und du stellst dir jetzt vor, dass wir Herzog vorladen und befragen, ob er Kaufmann und den Präsidialrichter umbringen wollte, damit er Vorsitzender wird?" Ellas Ausführungen schienen Müller nicht zu überzeugen.

„Das hat Ella sicher nicht damit sagen wollen. Ob die Information uns weiterhilft oder nicht, werden wir sehen. Sag deinem Freund jedenfalls herzlichen Dank, dass er sich erkundigt hat", beendete Schlichting die kurze Besprechung.

14: Kapitel: Steinhagen und Herzog

Jan war früh dran. Um 14:00 Uhr musste er zu seinem Anwalt in die Lange Reihe kommen und es war erst 13:30 Uhr. Es war seine letzte Referendarstation vor den Klausuren und es sollte eigentlich seine Tauchstation sein. Das war die gängige Bezeichnung für eine Referendarstation, in der man zwar offiziell gemeldet war, tatsächlich aber dort nicht arbeitete, um die Zeit für die Examensvorbereitung nutzen zu können. Sein Anwalt erwartete allerdings, dass Jan einmal in jeder Woche für mindestens vier Stunden in seiner Kanzlei erschien.

Jan sah sich um, ob er sich noch irgendwo eine Kleinigkeit zu essen besorgen konnte. Er schlenderte an der langen Fensterfront der Kneipe ‚Frau Möller' vorbei. Der Laden war zu dieser Zeit ziemlich leer. Die Gäste, die zumeist in den umliegenden Büros arbeiteten, hatten ihre Mittagspause bereits hinter sich. Für diejenigen, die ein After-Work-Bier trinken wollten, war es noch zu früh. Ob die Zeit für eine Ofenkartoffel mit Sourcream noch reichen würde? Vielleicht sollte er doch lieber eine Pizza in der Pappe von dem Stand gegenüber kaufen. Man konnte nie wissen, wie lange es dauerte, bis er in der Kneipe bedient würde. Er wollte gerade die Straße überqueren, da sah er direkt hinter einem der Fenster des Lokals ein Pärchen oder besser gesagt, zwei nicht mehr ganz junge Herren, im Gespräch. Vor jedem stand ein Glas Wein auf dem Tisch. Irgendwie kamen ihm beide bekannt vor. Er verlangsamte seinen Schritt, sah auf die Uhr und blieb stehen. Dann drehte er sich um und ging zurück. Jetzt erkannte er den einen. Es war Rechtsanwalt Steinhagen. Er hatte ihn zwar noch nie persönlich getroffen, aber sofort nach ihm gegoogelt, als Ella ihm von ihrem Fall berichtet und ihm erzählt hatte, dass der Anwalt in Verdacht geraten war, den Richter getötet zu haben. Die beiden Männer in der Kneipe nahmen keine Notiz von ihm. Er sah sich den anderen genauer an. Jetzt erinnerte er sich, wo der ihm begegnet war. Er hatte ihn mehrfach im Haus der Gerichte vor zwei Jahren während seiner Referendarstation beim Amtsgericht in Strafsachen gesehen. Ob der Mann ein Anwalt, ein Richter oder ein anderer Mitarbeiter war, wusste er allerdings nicht.

Ohne viel zu überlegen, überquerte Jan die Straße, zog sein Handy heraus und tat so, als ob er die Kneipe von außen fotografieren wollte. Dabei richtete er die Kamera seines Smartphones aber auf das Fenster, hinter dem die beiden Männer saßen.

„Kennst du die?" Ella wollte gerade eine Kaffeepause in der Cafeteria einlegen, als sie auf ihrem iPhone Jans Nachricht mit dem Foto erhielt, das Steinhagen und Herzog im angeregten Gespräch zeigte.

***

Steinhagen war die Überraschung ins Gesicht geschrieben, als er den beiden Kripobeamtinnen die Tür seines Hauses öffnete. Er war auch zu Hause mit Tuchhose und langärmeligem Hemd bekleidet. An den Füßen trug er nur Socken, die an den Hacken schon fast durchgescheuert waren. Vielleicht besaß er keine anderen Kleidungsstücke. Da Ella und Susan bei seiner ersten Vernehmung nicht zugegen gewesen waren, mussten sie sich ihm vorstellen. Sie hätten noch einige Fragen an ihn. Er ließ sie eintreten und bot ihnen einen Sitzplatz am Tisch in seiner Küche an. Es schien ihn nicht weiter zu stören, dass dieser Raum so aussah, als hätte einige Tage zuvor dort eine Party oder besser gesagt, eine Fress- und Sauforgie stattgefunden, ohne dass anschließend aufgeräumt und saubergemacht worden wäre. Überall standen benutzte Teller und zum Teil umgeworfene leere sowie halbleere Gläser mit Resten von alkoholischen Getränken herum. Die Spüle war von einem weißbräunlichen Film überzogen, wobei man nicht auf den ersten Blick erkennen konnte, ob es sich um eine eingetrocknete Flüssigkeit handelte oder einfach nur um Dreck. Die zum großen Teil mit leeren Flaschen vollgestopften Mülleimer unter der Spüle waren halb herausgezogen. Die Geschirrspülmaschine stand ebenfalls zur Hälfte offen. Das darin hineingestellte oder eher hineingeworfene Geschirr schien sich dort schon längere Zeit zu befinden. Ein übler Geruch machte sich breit, der zum optischen Eindruck der Küche passte.

Der Plan der Mordkommission, Steinhagen und Herzog gleichzeitig zu vernehmen – den einen bei sich zu Hause, den anderen in seinem Dienstzimmer im Gericht – schien aufzugehen. Um eine vorherige Absprache der beiden verhindern zu können, wäre eine Vorladung ins LKA der falsche Weg gewesen.

„Ja, ich saß vorhin mit dem Richter Herzog kurz vor 14:00 Uhr in der Langen Reihe in der Kneipe ‚Frau Möller'. Wir haben uns da zufällig getroffen. Es ist auch nur einen Katzensprung vom Gericht entfernt. Ich hatte eine Akte zurückgebracht und Herzog kam gerade von der Mittagspause. Wir kennen uns seit Langem und sind dann spontan in die Kneipe gegangen, um ein Glas Wein zu trinken. Übrigens hat jeder seine Rechnung selbst gezahlt."

„Haben Sie und Herzog in letzter Zeit einen gemeinsamen Fall verhandelt oder bearbeitet?"

„Ich habe einige Klagen beim Verwaltungsgericht laufen. Es mag sein, dass Herzog für die eine oder andere Sache auch zuständig ist. Verhandelt habe ich aber schon lange nicht mehr mit ihm."

„Sie kennen doch sicher den Präsidialrichter Herrn Dr. Macke. Der ist schwer mit dem Fahrrad verunglückt, als er vom Gericht nach Hause fahren wollte. Es gibt deutliche Anzeichen dafür, dass absichtlich an den Bremsen seines Rades manipuliert wurde. Haben Sie etwas damit zu tun? Haben Sie bei dem Glas Wein mit Herzog über Dr. Macke und den Unfall gesprochen?"

„Ich kenne Herrn Dr. Macke als Präsidialrichter. Beruflich hatte ich mit ihm sonst noch keine Berührung. Auch mit dem Unfall habe ich nichts zu tun. Bei ‚Frau Möller' haben Herzog und ich nicht über den Kollegen Macke geredet."

Steinhagen stand kopfschüttelnd auf, als Susan von dem Felde ihn fragte, ob er noch irgendetwas hinzufügen wolle.

„Wir werden Ihre Angaben natürlich überprüfen. Dem Richter Herzog werden im Übrigen genau jetzt im Gericht dieselben bzw. die entsprechenden Fragen von zwei Kripobeamten des LKA gestellt. Bevor wir gehen, würden wir gern kurz mit unseren Kollegen telefonieren. Falls es irgendwelche Unstimmigkeiten in ihren Aussagen gibt."

Steinhagen setzte sich wieder hin und lächelte leicht zerknirscht.

***

Herzog war gerade dabei, ein Urteil zu diktieren, als Müller und Lukas sich telefonisch vom Gerichtsflur aus bei ihm zu einer kurzen Vernehmung ankündigten. Die Jalousien waren vor das verschlossene Fenster gezogen und das Licht in seinem Zimmer war angeschaltet. Sein weißes Hemd trug er an den Ärmeln hochgekrempelt. Das Sakko hing über der Stuhllehne. Im Zimmer roch es ein wenig nach Schweiß.

„Nein, es stimmt nicht, dass ich mit dem Anwalt Steinhagen vorhin in einem Lokal in der Langen Reihe war. Ich weiß nicht, wer uns da gesehen haben will. Das muss eine Verwechslung sein."

Müller hatte sein Handy schon herausgezogen, bevor Steinhagen seinen Satz beenden konnte. Das Handyfoto, das Ellas Freund von Herzog und Steinhagen gemacht hatte, war nicht nur sehr scharf, sondern es war darauf sogar die genaue Uhrzeit der Aufnahme aufgezeichnet. Herzog schluckte merklich und schwieg einen Augenblick. „Ich habe natürlich gehört, dass Steinhagen zu den Verdächtigen im Fall Dr. Kaufmann gehört. Es ist mir ein bisschen peinlich, dass ich mit ihm zusammen im Lokal saß. Aber auf der anderen Seite ist das ja nicht verboten. Steinhagen hat die Rechnung bezahlt, aber mein Gott, es ging ja nur um ein Glas Wein. Er hatte schon einen Zehn-Euro-Schein hingelegt, bevor ich mein

Portemonnaie zücken konnte."

„Haben Sie und Steinhagen in letzter Zeit einen gemeinsamen Fall verhandelt oder bearbeitet?"

„Ich habe vorübergehend alle Fälle zu bearbeiten, für die Dr. Kaufmann zuständig war. Ich bin schließlich sein Vertreter. Ich meine, in seinem Dezernat sind auch zwei von Steinhagen eingereichte Klagen. Verhandelt habe ich seit Dr. Kaufmanns Tod nur einmal einen eigenen Fall, und zwar im Asylrecht."

„Haben Sie mit Dr. Mackes Unfall irgendetwas zu tun? Sie haben sicher gehört, dass aller Wahrscheinlichkeit nach die Schrauben an den Bremsgriffen seines Fahrrades gelöst wurden."

„Nein, ich habe mit dem Unfall definitiv nichts zu tun."

„Stimmt es, dass Sie und Dr. Macke sich auf die durch Kaufmanns Tod frei gewordenen Stelle als Vorsitzender beworben haben?"

„Ja, ich habe mich auf den Posten beworben. Ich war an sich immer zufrieden, als Beisitzender Richter zu arbeiten. Zur Bewerbung habe ich mich kurzfristig entschlossen. Ich habe jetzt gehört, dass Dr. Macke sich auch um den Posten bemüht. Es gibt fast immer mehr als einen Interessenten für so eine Stelle."

„Haben Sie bei dem Glas Wein mit Steinhagen über Dr. Macke gesprochen?"

„Nein, darüber haben wir nicht geredet."

Herzog korrigierte seine Aussage nicht, als Müller ihm seine früheren Bewerbungen auf frei gewordene Vorsitzendenstellen vorhielt: "Das spricht ja nicht gerade für eine kurzfristige Überlegung!"

Nachdem der Kripobeamte ihn aber darauf hingewiesen hatte, dass seine Angaben alle überprüft würden und dass zeitgleich der Anwalt Steinhagen vernommen werde, fühlte Herzog sich doch zu einer Korrektur seiner Aussage veranlasst.

***

„Das hat ja super geklappt." Schlichting war äußerst zufrieden mit dem Ergebnis der Vernehmungen. Steinhagens und Herzogs Angaben jedenfalls zu ihrem Treffen bei ‚Frau Möller' und dem Anlass dazu stimmten schließlich nahezu überein. Herzog hatte nach Kaufmanns Tod dessen Klagen zu bearbeiten. Dazu gehörte auch die von Steinhagen eingereichte Klage gegen die Rückzahlung einer Subvention, über die an Kaufmanns Todestag verhandelt werden sollte. Anders als sein früherer Vorsitzender war Herzog dem Vortrag des Anwalts gefolgt und wollte die Klage nicht als unzulässig abweisen, weil sie zu spät erhoben war. Auch den von Steinhagen gerügten Fehler der Behörde erkannte er an. Er machte einen schriftlichen Vergleichsvorschlag, dem die zuständige Behörde zustimmte: Steinhagens Mandantin sollte die volle Subvention ausgezahlt bekommen und nur die Anwalts- und Gerichtskosten tragen. Steinhagen konnte die Klägerin schnell davon überzeugen, ebenfalls auf diesen Vergleich einzugehen. Er rief Herzog an, um ihn zu dem guten Abschluss auf ein Glas Wein in die Kneipe einzuladen und der Richter nahm die Einladung an. Mit Mackes Unfall wollte aber keiner von ihnen etwas zu tun haben. Darüber hätten sie auch nicht bei ihrem Treffen gesprochen.

15. Kapitel: Frau Bader-Kaufmann

„Die Hamburger Kriminalpolizei ist im Mordfall im Haus der Gerichte offenbar noch keinen Schritt weiter. Wie uns aus gut informierten Kreisen zugetragen wurde, werden die Ermittlungen inzwischen gegen vier Beschuldigte geführt, denen unabhängig voneinander die Tötung des Vorsitzenden Richters vorgeworfen wird. Man kann sich des Eindrucks nicht erwehren, dass die Kripo sich verzettelt hat und nicht weiterweiß und nach dem Motto ‚je mehr Beschuldigte wir präsentieren, desto weniger Kritik werden wir ausgesetzt' agiert." Schlichting blickte von der auf dem Besprechungstisch für jeden sichtbar aufgeschlagenen Hamburger Tageszeitung in die Runde.

„Da muss doch jemand hier aus dem Haus geplaudert haben?", kommentierte Lukas als Erster der Kommission den Text.

„Ich nehme eher an, dass die Informationen von der Ehefrau des Toten kommen. Sie ist gut vernetzt und hat Beziehungen zur Presse. Das ist aus früheren Fällen, in denen sie involviert war, bekannt. Da hat sie auch immer mal wieder Informationen verstreut, die für sie bzw. für ihren Mandanten günstig waren." Schlichting klappte das Blatt wieder zu. „Das ist an sich auch ihr gutes Recht. Allerdings geraten wir damit unter Druck. Der Artikel lag gerade fünf Minuten vor mir auf dem Tisch, da bekam ich schon einen Anruf von der Leitung des LKA. Alles zunächst noch im freundlichen Ton, ‚wir kennen ja die Presse' und so. Aber allmählich müssen wir etwas bieten, sonst wird es für uns ungemütlich."

„Ich glaube, dass wir den Richtigen noch nicht haben", preschte Ella vor, „wir müssen genauer hinsehen, wer außer den vier Beschuldigten Interesse daran gehabt haben könnte, Dr. Kaufmann aus dem Weg zu räumen."

„Vielleicht haben wir ihn schon längst vor Augen, aber die Nase zu dicht am Objekt, sodass wir das Wesentliche übersehen", wandte Lukas ein.

„Oder es war doch die Wespe", gab Müller auch noch seinen Kommentar ab, „und für die herausgerissene Telefonschnur und die aus der Hülle genommenen Adrenalinpens gibt es eine einfache Erklärung, die wir nur nicht wahrhaben wollen."

„Ich fasse zusammen: drei Kripobeamte, drei Meinungen." Schlichting verzog säuerlich das Gesicht, „aber im Ernst, wir dürfen wegen dieses Zeitungsartikels nicht hektisch werden. Gerade jetzt müssen wir in Ruhe überlegen, was an unseren bisherigen Ermittlungen falsch ist. Lasst uns die Köpfe von allem freimachen, wovon wir bisher ausgegangen sind, und lasst uns versuchen, über den Tellerrand zu blicken. Was haben wir gegen jeden Einzelnen der vier? Da ist einmal die Ehefrau, Frau Bader-Kaufmann. Sie hat eventuell ein Motiv, nämlich Eifersucht. Sie hatte auch die Möglichkeit, die Spritzen zu Hause zu manipulieren und zurück in die Tüte zu legen, die ihr Mann dann mit ins Gericht nahm. Aber sie konnte nicht ohne Weiteres die Wespe in der Kissenhülle platzieren und die Telefonschnur im Dienstzimmer herausreißen, jedenfalls nicht ohne einen Verbündeten. Denn sie hat ja keinen freien Zutritt zu den Dienstzimmern der Richter. Dann haben wir den Wachtmeister Sörensen, Pierre Sörensen …"

Schlichtings Vortrag hätte noch länger gedauert, aber sein Telefon klingelte. Da nur wichtige Anrufe durchgestellt werden sollten, ging er an den Apparat. Es war Frau Bader-Kaufmann. Schlichting stellte den Lautsprecher an, sodass die anderen im Raum ebenfalls ihre durchdringende Stimme hören konnten. Sie sei aus Zürich zurückgekehrt und nun zu einer Aussage bereit, sofern sich die Beamten innerhalb der nächsten Stunde zu ihr nach Hause bequemen würden.

***

Frau Bader-Kaufmann öffnete Schlichting und Müller die Tür:

„Sie sind schneller hier, als ich erwartet habe."

Anders als bei ihrem ersten Gespräch mit dem Ermittlungsleiter kurz nach dem Tod ihres Ehemannes machte sie jetzt einen äußerst gepflegten Eindruck. Ihre Haare waren geschickt zu einem Knoten im Nacken zusammengefasst. Sie war unauffällig, aber vorteilhaft geschminkt. Ihr legerer Pullover war farblich auf die enge Hose abgestimmt. Der dezente Schmuck, Ohrringe passend zur Kette und Brosche, sah edel aus.

Das Wohnzimmer machte den Eindruck, als hätte gerade ein Dekorateur in Abstimmung mit dem Innenausstatter die noch fehlenden Accessoires für Aufnahmen eines Wohnmagazins in Szene gesetzt: Ein Blumenstrauß in einer kleinen Glasvase stand auf dem Couchtisch; einige Blütenblätter waren dekorativ und wie zufällig auf dem Tisch verteilt; ein Buch im Hardcover lag aufgeschlagen auf dem Rand des Sofas; daneben auf einem handbemalten kleinen Teller einige Kekse; darum herum waren ein paar Krümel verstreut; die wie handgestrickt wirkende Wolldecke lag mit einer Ecke zusammengefasst über der Lehne der Couch, daneben – kaum merklich eingedrückt – das dazu passende Kissen. Eine unauffällig hinter einem Holzpaneel versteckte Klimaanlage sorgte im Raum für eine angenehme Temperatur.

Schlichting blickte sich im Zimmer um. Die Fenster waren blitzsauber. Nicht einmal die ins Zimmer flutenden Sonnenstrahlen machten Wischspuren sichtbar. Der Fensterputzer verstand sein Handwerk. Der perfekte Parkettfußboden war makellos sauber und schimmerte matt im Sonnenlicht; weder Schmutz noch Unebenheiten oder Gebrauchsspuren im Holz waren erkennbar. Die messingfarbenen Türklingen zeigten keinerlei Abdrücke.

Sie setzten sich an den Couchtisch, auf dem – neben dem Blumenstrauß – eine Karaffe mit Wasser stand. Einige Zitronenscheiben und frische Minze schwammen in der mit Eiswürfeln bestückten Flüssigkeit. Die drei daneben platzierten Wassergläser stammten aus der Edition Hundertwasser.

Die Anwältin füllte die Gläser, von denen sie zwei den Kommissaren hinstellte. Sie selbst nahm aus ihrem Gefäß einen tiefen Schluck: „Fragen Sie!"

„Ich habe Ihnen ja bereits am Telefon gesagt, dass Sie auf Ihren Mann eifersüchtig gewesen sein könnten."

Bader-Kaufmann lächelte. „Sie meinen die Szene in der Eingangshalle des Gerichts? Alle Ehepaare streiten sich ab und zu, jedenfalls wenn die Beziehung noch funktioniert. Aber man sollte das natürlich nie vor anderen tun. Ich gebe zu, da habe ich einen Fehler gemacht. Was Sie gehört haben, stimmt. Ich war an dem Tag wütend und gereizt und mein Mann hat das dann abbekommen. Ich hatte einen Prozess am Amtsgericht in Strafsachen im Haus der Gerichte. Die Beweislage gegen meinen Mandanten war dünn. Ich hatte vorher mit ihm besprochen, dass er sich nicht zur Sache einlassen sollte. Das war sein gutes Recht, aber das wissen Sie ja. Er folgte entgegen unserer Absprache meinem Rat nicht und verstrickte sich dann bei den zugegeben sehr geschickten Fragen des Staatsanwalts in Widersprüche. Der aus meiner Sicht sichere Freispruch war verspielt. Danach warf er mir vor, ich hätte ihn nicht gut genug verteidigt. Nach dem Prozess wollte ich meinen Mann abholen. Wir waren verabredet. Er sollte in seinem Zimmer auf mich warten. Als ich dort ankam – ein Richterkollege ließ mich in den Flur – war er nicht da. Ich bin nach ein paar Minuten in seine Geschäftsstelle gegangen. Schon vor der Tür hörte ich die Stimme meines Mannes und dann das Lachen einer Frau. Sie haben sicherlich auch schon einmal unfreiwillig die Konversationen zwischen einem Mann und einer Frau mitbekommen, bei denen man am Lachen der Frau erkennt, dass sie bereit ist, bereit zu allem, was er will. Genauso klang das, was ich dort vernahm. Ich habe dann die Geschäftsstelle betreten ohne anzuklopfen. Ich gehe davon aus, dass die Dame – es war die für die Kammer meines Mannes zuständige Geschäftsstellenverwalterin – mich erkannte, denn ich hatte meinen Mann schon häufiger abgeholt und sie blickte mir direkt in die Augen. Das hielt sie aber nicht davon ab, mit ihrem Getue fortzufahren. Sie schien ihren Auftritt sogar vor mir als involviertem Publikum zu genießen. Jedenfalls ging das Gezwitscher dort munter weiter, bis mein Mann, der vorher mit dem Rücken zur Tür stand, sich umdrehte. Damit Sie mich richtig verstehen, das Ganze ging nicht von ihm aus. Ich ließ meine Wut erst heraus, als wir den Raum verlassen hatten. Vor der Dame wollte ich mir nicht die Blöße geben. Wie schon gesagt, Eheleute streiten sich manchmal. Aber das alles wäre niemals ein Grund für mich gewesen, meinen Mann umzubringen. Er hatte nichts mit dieser Mitarbeiterin. Da bin ich mir sicher. Wie gesagt, es ging alles von ihr aus. Aber selbst, wenn er eine Affäre gehabt hätte, wäre das für mich kein Grund für einen Mord gewesen. Ich hätte möglicherweise eine Scheidung erwogen, wahrscheinlich nicht einmal das." Bader-Kaufmann hatte die ganze Zeit über das Glas in der Hand behalten, nahm jetzt noch einmal einen tiefen Schluck und stellte es zurück auf den Tisch.

Schlichting und Müller nickten sich kurz zu und der Ermittlungsleiter übernahm wieder. „Danke, dazu haben wir im Moment keine weiteren Fragen. Da gibt es aber noch einen Punkt. Wie Sie ja inzwischen wahrscheinlich wissen, ist Ihr Mann an einem allergischen Schock nach einem Wespenstich verstorben. Der behandelnde Arzt aus dem Krankenhaus hatte ihm vorher ein Notfallset verordnet, das auf dem Schreibtisch lag." Schlichtings Satz war kaum zu Ende geführt, als die Anwältin aufstand: „Bevor Sie weiterreden, möchte ich Ihnen etwa zeigen!" Sie verließ das Zimmer und kehrte kurz darauf mit einer kleinen Plastiktüte zurück, die sie vor den Beamten auf den Tisch legte: „Sehen Sie selbst nach!"

In der Tüte mit dem Aufdruck einer Apotheke befand sich ein vollständiges Notfallset. Anders als bei den im Dienstzimmer des Toten aufgefundenen Medikamenten steckten die Adrenalinpens in einer festen Plastikhülle und waren offensichtlich unbenutzt.

Daneben lag ein Rezept, ausgestellt von dem Allgemeinmediziner Dr. Schmidt.

Bader-Kaufmann zeigte auf das Rezept: „Dr. Schmidt ist unser Hausarzt. Die Medikamente habe ich im häuslichen Arbeitszimmer meines Mannes gefunden. Die hätte ich Ihnen auch schon früher zeigen können. Aber bei unserer letzten Unterredung haben Sie mich ja weder darüber informiert, dass die Arzneimittel im Dienstzimmer meines Mannes gefunden wurden, noch, dass die Spritzen aus den Hüllen genommen und bereits geleert waren. Ich nehme an, Sie wollten mir vorhalten, dass ich zu Hause die Möglichkeit gehabt hätte, die Spitzen zu manipulieren."

***

Die Stimmung bei der Besprechung im LKA war nicht die Beste, als Schlichting die Ergebnisse ihrer weiteren Ermittlungen präsentierte: „Dr. Kaufmann bekam nach der Entlassung aus der Klinik St. Georg ein Rezept, das er anschließend in einer Apotheke unweit des Gerichts einlöste. Das Rezept für das zweite Notfallset stellte ihm sein Hausarzt aus. Der hat uns das bestätigt. Kaufmann hatte ihm davon erzählt, dass er nach einem Wespenstich ins Krankenhaus musste. Er wollte ein Notfallset im Büro liegen lassen, um es nicht jedes Mal von zu Hause mitnehmen zu müssen. Der Arzt stellte ihm ohne Bedenken noch ein Rezept aus, zumal Kaufmann Privatpatient war."

„Ich dachte, Krankenhäuser stellen keine Rezepte aus", Susan von dem Felde erinnerte sich an eine Situation, als sie vor einiger Zeit mit ihrem Sohn, der sich bei einer Prügelei in der Schule die Rippe gebrochen hatte, im Krankenhaus war.

„Das war auch bis vor Kurzem so", erläuterte Schlichting. „Es gab aber eine Gesetzesänderung und jetzt ist das zulässig und wird offenbar auch so gehandhabt."

„Da waren's nur noch drei", fasste Müller den Stand der Ermittlungen aus seiner Sicht zusammen.

16. Kapitel: Katrin Meerbach

„Verwaltungsgericht Hamburg, mein Name ist Katrin Meerbach, ich bin die zweite Präsidialrichterin im Haus. Wir kennen uns noch nicht." Schlichting war überrascht. Von einem weiteren Präsidialrichter bzw. einer -richterin hatte er bisher nichts gehört, sondern er war davon ausgegangen, dass Dr. Macke der einzige sei.

Katrin Meerbach erläuterte dem Ermittlungsleiter, dass sie am Tag vor dem Tod des Kollegen Kaufmann das letzte Mal im Gericht gewesen sei und seither ein paar Tage Urlaub gehabt habe. „Für Tobias Macke gab es keinen Anlass, von mir zu erzählen. Er konnte ja nicht damit rechnen, dass er ausfallen würde. An sich war mein Urlaub noch für einen längeren Zeitraum geplant. Aber wir sind ohnehin nicht weggefahren. Und jetzt bin ich wegen der Ereignisse, insbesondere wegen Tobias Mackes Unfall, früher ins Gericht zurückgekehrt. Die Präsidialabteilung darf nach den Vorstellungen der Gerichtsleitung nie vollständig verwaist sein. Der Präsident und der Vizepräsident sind im Ausland auf Reisen. Für mich war es da leichter, zurückzukommen. Ich wollte mich eigentlich nur bei Ihnen melden, damit Sie wissen, dass ich jetzt Ihre Ansprechpartnerin im Gericht bin ", sie lachte.

Schlichting merkte gleich, dass ihm die Frau am anderen Ende der Leitung sehr sympathisch war. Warum, konnte er auch nicht so genau sagen. Wahrscheinlich waren es ihre Stimme, ein warmes Alt, und ihr natürliches Lachen. Er bedankte sich für den Anruf und notierte die Telefonnummer und die Zimmernummer seiner Gesprächspartnerin, für alle Fälle. Dann holte er sich einen Kaffee aus der Teeküche.

„Ich fahr noch einmal kurz ins Gericht", Schlichting steckte seinen Kopf in Müllers Zimmer. Der nickte, ohne vom Schreibtisch aufzublicken. Der Entschluss, Frau Meerbach aufzusuchen, war dem Ermittlungsleiter spontan gekommen. Es ist immer besser, einen Ansprechpartner oder einer Ansprechpartnerin persönlich kennenzulernen, sagte er sich. Vielleicht gab es auch noch einen anderen Grund für sein rasches Handeln. Aber den wollte er nicht einmal sich selbst gegenüber eingestehen.

***

„Herein", Katrin Meerbach blickte zur Tür ihres Dienstzimmers. Die Mitarbeiterin der Geschäftsstelle hatte den Hauptkommissar direkt in den Richterflur gelassen, und so war sein Besuch bei der Präsidialrichterin unangekündigt. „Wir haben vor einer halben Stunde miteinander telefoniert, Schlichting mein Name, Landeskriminalamt. Ich kam gerade zufällig am Haus der Gerichte vorbei."

Die schlanke, leger, aber geschmackvoll gekleidete Richterin mochte Anfang vierzig sein. Sie hatte dunkle, mittellange Haare und eine Naturkrause. Ihr Teint entsprach dem einer Südländerin. Aber vielleicht war sie durch das schöne Sommerwetter auch nur sonnengebräunt. Sie hatte schließlich ein paar Tage Urlaub gehabt. Sie machte auf ihren Besucher auch jetzt im persönlichen Gespräch einen sehr sympathischen Eindruck.

Dass sie ihren Urlaub unterbrechen musste, wirkte sich jedenfalls nicht negativ auf ihre Laune aus. Zumindest war davon nichts zu merken. Und das, obwohl ihre drei schulpflichtigen Kinder, die gerade Sommerferien hatten, tags zuvor von den Großeltern abgeholt werden mussten. Nachdem die sonst übliche Urlaubsreise mit ihrem Vater, Katrins Ehemann, in diesem Jahr aufgrund einer unaufschiebbaren beruflichen Verpflichtung ausgefallen war, mussten sie nun auch alle geplanten Unternehmungen in Hamburg und Umgebung abblasen. Aber die Kinder nahmen ihrer Mutter das angesichts des bevorstehenden Aufenthalts im Haus von Oma und Opa nicht übel. Denn die Großeltern waren bei Weitem nicht so konsequent wie Mutter und Vater und die Kinder erhofften sich mehr Freiheiten als in einem Urlaub mit den Eltern.

Schlichting meinte, die Frau schon einmal irgendwo getroffen zu haben, aber wo? Es fiel ihm nicht ein und fragen wollte er sie nicht. Sie sollte nicht den Eindruck gewinnen, dass er sich mit so einer plumpen Erkundigung an sie heranmachen wollte.

„Ich will Sie auch nicht lange aufhalten," begann Schlichting das Gespräch. „Aber wie Sie vielleicht gehört oder auch gelesen haben, sind wir mit unseren Ermittlungen in Sachen Kaufmann noch nicht zu Ende. Auch wenn Sie am Todestag nicht hier waren, können Sie uns eventuell weiterhelfen. Als Präsidialrichterin wird Ihnen sicher vieles, was im Gericht passiert, zugetragen. Ist Ihnen irgendetwas in letzter Zeit aufgefallen, das mit Kaufmanns Tod im Zusammenhang stehen könnte, hatte er mit jemandem Streit oder gab es sonst Unstimmigkeiten?"

Meerbach bot Schlichting einen Platz an dem kleinen, runden Tisch in ihrem Zimmer an und setzte sich zu ihm. Er nahm seine Sonnenbrille ab und legte sie auf den Tisch. Sie überlegte kurz, bevor sie antwortete: „Sie haben ja vermutlich schon vernommen, dass Dr. Kaufmann nicht unbedingt zu den beliebtesten Kollegen hier gehörte. Ich will ihn damit nicht schlechtmachen, aber er hat gerade bei den Mitarbeitern, die ihm zuarbeiteten, nicht immer den passenden Ton angeschlagen. Von einem besonderen Streit in letzter Zeit habe ich allerdings nichts mitbekommen. Es waren mehrfach in seiner Kammer Sachakten verschwunden, das war vielleicht etwas Besonderes. Aber dafür konnte keiner direkt verantwortlich gemacht werden."

Schlichting horchte auf: „War das denn auffällig und hat Kaufmann konkret jemandem dafür die Schuld gegeben?"

„Es passiert immer mal wieder, dass Sachakten kurzfristig veschwinden. Meistens tauchen sie dann aber wieder auf. In Kaufmanns Kammer waren im letzten halben Jahr dreimal umfangreiche Sachakten unauffindbar. Sie mussten dann umständlich rekonstruiert werden, weil sie nicht oder nur teilweise digitalisiert waren. Kaufmann hat sich bei mir einmal in diesem Zusammenhang lautstark über die Wachtmeisterei beschwert und sie als Saftladen beschrieben. Einer konkreten Person hat er aber nicht die Schuld am Verschwinden der Unterlagen gegeben. Es war jedes Mal so, dass Behörden angeblich die Akten ans Gericht geschickt haben, sie hier aber nicht ankamen bzw. bei uns nicht registriert wurden. Sie kamen übrigens jedes Mal von einer anderen Behörde."

Schlichting wusste nicht, ob diese Information ihnen bei ihren Ermittlungen weiterhelfen würde. Warum hatte Macke nichts davon erzählt? Er konnte ihn nicht danach fragen, denn der war leider immer noch nicht vernehmungsfähig.

„Falls Ihnen noch irgendetwas einfällt oder auffällt, rufen Sie mich bitte jederzeit an." Bevor er das Gericht wieder verließ, gab Schlichting der Richterin seine Karte mit seiner Durchwahlnummer. Zurück im LKA bemerkte er, dass er seine Sonnenbrille auf dem Tisch im Zimmer der Präsidialrichterin vergessen hatte.

17. Kapitel: Sörensen dreht durch

Schlichting erkannte Katrin Meerbachs Nummer auf dem Display sofort und nahm erfreut den Telefonhörer ab. Wahrscheinlich wollte sie ihm mitteilen, dass seine Sonnenbrille auf dem Tisch in ihrem Dienstzimmer lag.

Aber es ging um etwas ganz anderes. „Jetzt ist tatsächlich etwas passiert. Wachtmeister Sörensen hat sich mit Frau Gerke in der Geschäftsstelle verschanzt. Er soll bewaffnet sein." Die sonst so ruhige Stimme am anderen Ende der Leitung vibrierte.

„Seit wann denn? Und was will er?

„Schon seit etwa 45 Minuten. Ich war beim Mittagessen, sonst hätte ich Sie früher angerufen. Irgendjemand muss die Polizei benachrichtigt haben. Es sind schon mehrere Einsatzwagen und bewaffnete Beamte vor Ort. Was Sörensen will, weiß ich nicht. Er scheint betrunken zu sein und schreit herum. Ich habe Angst, dass die Sache eskaliert. Kommen Sie bitte, schnell!"

Schlichting konnte seinen Pkw erst auf dem Vorplatz des Gerichtshauses abstellen, nachdem er einem der Schutzpolizisten seinen Dienstausweis vorgezeigt hatte. Der gesamte Bereich war abgesperrt. Drei bemannte Einsatzfahrzeuge standen direkt vor dem Eingang. Am Rande des Vorplatzes waren ungefähr dreißig bis vierzig Personen versammelt. Es gab nur wenige neugierige Passanten darunter. Überwiegend handelte es sich um Mitarbeiter des Gerichts, die nach der Mittagspause wieder an ihren Arbeitsplatz zurückkehren wollten.

„Haben Sie schon telefonischen Kontakt zu dem Mann aufgenommen?" Schlichting erkannte sofort richtig, dass es sich bei dem kleinen, wild mit beiden Händen gestikulierenden Polizisten, der mitten auf dem Vorplatz stand, um den zuständigen Leiter des polizeilichen Einsatzes handelte. Der war aber zunächst nicht einmal bereit, mit dem LKA-Beamten zu sprechen. Schlichting musste sich erst als ‚Kriminalhauptkommissar beim Landeskriminalamt, Mordkommission' zu erkennen geben und ihm seinen Dienstausweis direkt unter die Nase halten. Er kam auch nicht umhin, noch ein paar Minuten auf den Mann einzureden und – wie er es nannte – den Larry raushängen lassen, bis der sich auf seinen Vorschlag einließ: „Ich kenne den Wachtmeister persönlich und habe ihn bei den Ermittlungen in einem Mordfall selbst vernommen. Es wäre das Beste, wenn ich direkt mit ihm telefonieren würde, um herauszubekommen, worum es ihm eigentlich geht. Nur so können wir eine Eskalation der Lage verhindern." Schließlich gab der Einsatzleiter klein bei.

Es zeigte sich, dass der persönliche Kontakt zu Katrin Meerbach in dieser Situation tatsächlich von Nutzen war. Sie gab Schlichting sofort die Durchwahl der Geschäftsstelle und hielt sich an einem zweiten Apparat für mögliche weitere Rückfragen bereit. Es dauerte eine Weile, bis sich jemand auf der Geschäftsstelle meldete. Es war Alina Gerke. Ihre Stimme klang belegt, aber nicht hysterisch. Sörensen stand offenbar direkt neben ihr und hörte das Gespräch mit. Denn er meldete sich unmittelbar, nachdem Schlichting der Geschäftsstellenmitarbeiterin mitgeteilt hatte, dass er den Wachtmeister sprechen wolle.

„Wenn hier jemand hereinkommt, bringe ich Alina um, ich habe eine Pistole!" Sörensens Stimme lallte und überschlug sich fast.

„Sie müssen uns erst einmal erzählen, was Sie eigentlich mit Ihrer Aktion bezwecken. Was wollen Sie?"

„Das geht Sie gar nichts an. Die Polizei soll wegfahren. Das ist eine private Sache zwischen mir und Alina." Sörensen schrie jetzt in den Hörer.

„Beruhigen Sie sich bitte. Ich möchte nur mit Ihnen reden. Ich kann Ihnen sicher helfen", versuchte Schlichting den Mann zu beschwichtigen. In der Leitung war kein Geräusch mehr zu hören.

Sörensen hatte den Hörer aufgelegt. War der Versuch gescheitert? Hatte sich die Situation durch Schlichtings Anruf vielleicht sogar noch verschärft? Der schon vorher hochrote Kopf des Einsatzleiters nahm jetzt einen lilafarbenen Ton an: „Hätte ich nur nicht auf Sie gehört! Ich bin hier verantwortlich. Aber wenn das nach hinten losgegangen ist …" Schlichting hob abwiegelnd die Hand: „Sie werden sehen. Der meldet sich gleich wieder. Wir müssen ein bisschen Geduld haben." Hoffentlich behielt er recht. Eine gefühlte Ewigkeit – in Wahrheit waren gerade mal drei Minuten vergangen – klingelte Schlichtings Handy. Sörensen war am Apparat. Schlichting versuchte, sich die Erleichterung nicht anmerken zu lassen. Er nickte dem Einsatzleiter zu und hielt sich gleichzeitig den Zeigefinger vor den Mund. Der durfte ihm jetzt durch Dazwischenreden nicht alles vermasseln. Glücklicherweise hielt der die Klappe. Vermutlich war er heilfroh, dass ein anderer das Ruder übernommen hatte.

Sörensen wollte reden. Er wollte erzählen, wie schlecht alle zu ihm waren, dass er im Recht und der einzige gute Mensch weit und breit war. Er schrie nicht mehr, er jammerte und heulte wie ein kleines Kind, dem man das Lieblingsspielzeug weggenommen hatte. Es dauerte ein paar Minuten, bis Schlichting begriff, was Sörensen erzählen wollte und worum es ihm ging: Alina Gerke hatte am Vortag nach einem Streit mit ihm die gemeinsame Wohnung verlassen und war vorübergehend zu einer Freundin gezogen. Sörensen wollte erreichen, dass sie sofort zu ihm zurückkommen sollte. Sie musste zu ihm zurückkehren. Ein anderes Ergebnis kam für ihn nicht infrage.

„Sie können Sie doch nicht ständig mit einer Waffe zwingen, bei Ihnen zu bleiben!", versuchte Schlichting auf den Wachtmeister einzuwirken. Alina Gerkes Stimme war im Hintergrund zu vernehmen. „Du bist jetzt ganz still, sonst …" Sörensen schrie wieder. Dann ein polterndes Geräusch. Jemand hatte den Hörer wieder aufgelegt oder besser gesagt, auf die Station geschmissen.

Der Einsatzleiter sagte nichts mehr. Die Röte aus seinem Gesicht war verschwunden. Er war jetzt aschfahl. Er ging ein paar Meter zur Seite, schloss die Augen und bewegte die Lippen. Jetzt schien er nur noch mit sich selbst zu reden. Oder betete er?

Es dauerte wieder ein paar Minuten, bis Schlichtings Handy erneut klingelte. „Ja, Schlichting hier?" Auf der anderen Seite war nur ein leises Schluchzen zu hören. „Ist alles in Ordnung bei Ihnen? Sind Sie o. k.? Wie geht es Frau Gerke?" Das Schluchzen hörte nicht auf. Schlichting brach der kalte Schweiß aus. War Sörensen durchgedreht? Hatte er seiner Freundin etwas angetan? „Gib mir den Hörer!" Das war Alina Gerkes Stimme im Hintergrund. Dann ein Rascheln. Es dauerte ein paar Sekunden, bis wieder eine Stimme zu hören war. „Gerke hier, es ist alles soweit in Ordnung. Pierre ist bereit, aufzugeben. Er will nur mit Ihnen sprechen."

Mit zwei bewaffneten Polizisten begab sich der Kommissar auf den Flur vor der Geschäftsstelle.

Etwa eine Stunde nach Schlichtings Eintreffen beim Haus der Gerichte verließ Sörensen mit erhobenen Händen den Raum, in dem er sich mit seiner Freundin verschanzt hatte. Schlichting hätte ihn gern ohne großes Aufsehen mit in das Landeskriminalamt genommen. Aber er konnte nicht verhindern, dass die beiden bewaffneten Polizisten sich sofort auf den Wachtmeister stürzten, ihn zu Boden rissen und mit einer Hamburg Acht fesselten. An der Tür erschien Frau Gerke, die etwas blass aussah. Sie blickte ohne erkennbare Emotionen auf ihren am Boden liegenden Ex-Freund.

***

„Warum haben Sie gestern ihre gemeinsame Wohnung verlassen und wohin sind Sie gegangen?"

„Pierre kam betrunken nach Hause und beschwerte sich, dass wir seit ein paar Wochen keinen Sex mehr miteinander hätten. Als ich ihm sagte, dass ich mir über unsere Beziehung erst einmal klar werden wollte, rastete er aus. Er warf mir vor, dass ich ein Verhältnis mit Dr. Kaufmann gehabt hätte, was im Übrigen nicht stimmt. Handgreiflich ist er nicht geworden, aber er schrie so laut herum, dass die Nachbarn gegen die Wand klopften. Ich konnte ihn erst einmal beruhigen und er ist dann auf dem Sofa eingeschlafen. Ich habe, während er schlief, einen Koffer gepackt, die Wohnung verlassen und bin zu einer Freundin gefahren. Auf einem Zettel habe ich ihm mitgeteilt, dass ich Zeit für mich allein bräuchte."

„Und wann haben Sie dann wieder etwas von ihm gehört?"

„Erst heute Mittag. Er war nicht zum Dienst erschienen und die Kollegen der Wachtmeisterei meldeten ihn krank. Heute Mittag tauchte er dann plötzlich in der Geschäftsstelle auf. Außer meiner Kollegin und mir war niemand im Raum. Er zog gleich eine Pistole und schob sie aus dem Zimmer. Ich bemerkte sofort, dass er wieder betrunken war. Er schrie herum und sagte, ich sollte mit ihm nach Hause kommen, sonst würde er erst mich und dann sich selbst erschießen."

„Hatten Sie die Waffe schon einmal bei ihm gesehen?"

„Nein, er besaß bisher keine Waffe und soweit ich weiß auch keinen Waffenschein. Ich habe keine Ahnung, wie er sich die so schnell besorgt hat."

***

„Erzählen Sie uns, worum es in dem Streit zwischen Ihnen und Frau Gerke eigentlich ging?"

„Wir haben uns zunächst nur über den Tod von Dr. Kaufmann unterhalten. Es nervte mich unheimlich, wie sie über ihn sprach. So als hätte sie eine enge Beziehung zu ihm gehabt. Ich habe ihr dann vorgeworfen, dass sie ständig vor allen Kollegen mit ihm geflirtet hat, sodass ich wie ein Hampelmann vor ihnen dastand. Sie hat das nicht einmal geleugnet. Schließlich ist sie einfach weggegangen. Ich dachte erst, dass sie gleich wiederkommen würde, bis ich den Zettel fand. Darauf stand, dass sie erst einmal woanders schlafen würde."

„Erzählen Sie uns, wie es dann weiterging. Wie sind Sie an die Waffe gekommen?"

„Ich wollte meine Freundin natürlich wiederhaben. Ich liebe sie und kann mir ein Leben ohne sie gar nicht mehr vorstellen. Ich habe mir dann heute früh eine Schreckschusspistole gekauft. Die konnte ich ohne einen Waffenschein bekommen. Sie sieht wie eine echte Pistole aus. Ich wollte damit nur erreichen, dass Alina mich ernst nimmt. Ich wollte ihr nichts tun, sie nur beeindrucken.

„Und wie sollte das Ganze weitergehen?"

„Das hatte ich mir nicht so richtig überlegt. Jetzt weiß ich auch, dass das eine blöde Idee war. Aber was hätte ich machen sollen?"

„Wie viel hatten Sie eigentlich getrunken?"

„Ich habe gar nicht so viel getrunken. Ein bisschen Schnaps und einige Bier. Ich vertrage nicht so viel. Das Ganze tut mir jetzt sehr leid."

18. Kapitel: Macke im Krankenhaus

Die Stimme am anderen Ende der Leitung hörte sich heiser und schwach an: „Tobias Macke, hallo Herr Lukas. Entschuldigen Sie, dass ich Sie direkt anrufe, aber ich hatte nur Ihre Nummer." Benjamin Lukas war überrascht. Nicht nur, weil Macke überhaupt im LKA anrief, sondern auch, weil er sich bei ihm und nicht bei Schlichting meldete. Er konnte sich beim besten Willen nicht daran erinnern, dem Präsidialrichter seine Durchwahl gegeben zu haben.

„Es freut mich, von Ihnen zu hören. Geht es Ihnen wieder besser?"

Macke gab darauf keine Antwort: „Ich habe Ihnen etwas sehr Wichtiges mitzuteilen."

„Das geht doch sicher auch am Telefon." Lukas suchte nach einem Stift, um sich Notizen zu machen.

„Es ist etwas pikant, deshalb würde ich es Ihnen lieber gern persönlich erzählen. Könnten Sie oder einer Ihrer Kollegen ins Krankenhaus kommen? Zimmernummer 105. Am besten wäre es, wenn Sie ohne viel Aufhebens einfach hereinkommen. Sie wissen schon, die Ärzte …"

Lukas war nach dem langen Arbeitstag auf dem Sprung nach Hause und wollte vorher noch Besorgungen machen. Svenja ging es zwar etwas besser, aber sie musste nach wie vor den ganzen Tag liegen und konnte sich deshalb nicht um die Einkäufe kümmern. Und Schwiegermutter Regina, die keinen Führerschein besaß, war allenfalls in der Lage, ein paar Lebensmittel im teuren Tante-Emma-Laden um die Ecke holen. Lukas überlegte einen Moment, ob er Schlichting, der nicht im Haus war, telefonisch von Mackes Anruf informieren sollte, entschied sich dann aber dagegen. Macke ging es ganz offensichtlich besser und er war vernehmungsfähig.

Jetzt kam es auf einen Tag auch nicht mehr an. Gleich morgen früh könnten sie gemeinsam zu ihm ins Krankenhaus fahren und sich anhören, was er ihnen erzählen wollte. Er schrieb eine kurze Notiz und legte Schlichting den Zettel auf den Schreibtisch. Dann verließ er das Gebäude.

***

Hauptkommissar Schlichting ging an diesem Tag nicht mehr in sein Büro. Nach Sörensens Aktion auf der Geschäftsstelle war er zum Hauptverdächtigen geworden. Allerdings fehlte sein Geständnis. Seine Aussage lag zwar jetzt vor, aber es fehlte sein Geständnis, Kaufmanns Tod initiiert zu haben. Die Kommission war sich einig, dass er nicht nur die Möglichkeit, sondern auch ein Motiv dafür hatte, nämlich Eifersucht. Außerdem waren da noch seine Fingerabdrücke auf einem der Adrenalinpens, die gegen ihn sprachen. Müller und Lukas hätten am liebsten sofort den zuständigen Staatsanwalt aufgesucht, um einen Haftbefehl gegen Sörensen erwirken zu lassen. Schlichting sah das kritischer: „Ich glaube auch, dass die Beweise und Indizien, die wir haben, für einen Haftbefehl ausreichen könnten, wenn es um die Tötung Kaufmanns geht. Aber was ist mit Mackes Unfall? Wir haben nichts, was den Wachtmeister damit in Zusammenhang bringen lässt. Und ehrlich gesagt, habe ich ihm seine Angaben sogar abgenommen. Er war äußerst erregt. Nur wenige Menschen, die sich in einem solchen psychischen Ausnahmezustand befinden, sind überhaupt in der Lage, sich plausible, sie selbst entlastende Lügen auszudenken. Ich glaube nicht, dass Sörensen dazu gehört. Ich meine, er hätte es gestanden, wenn er Kaufmann getötet hätte. Ganz abgesehen davon stehen wir in der Öffentlichkeit ziemlich unter Druck. Dem jetzt sofort nachzugeben, um den Verdächtigen eventuell nach ein paar Tagen und neuen, gegen seine Täterschaft sprechende Erkenntnisse wieder laufen lassen zu müssen, würde uns in der Presse nicht gerade gut aussehen lassen. Ich halte ein solches Vorgehen auch unabhängig davon für den falschen Weg." Mit dieser Argumentation überzeugte Schlichting auch die beiden Kolleginnen. Die Kommission einigte sich, Sörensen bis zum folgenden Tag festzuhalten und ihn dann noch einmal zu vernehmen. Es blieb zu hoffen, dass er sich nicht wie schon einmal auf sein Aussageverweigerungsrecht berufen würde. Müller, Sturm und von dem Felde waren damit beschäftigt, alles gegen den Wachtmeister zusammenzutragen, was sich aus ihren bisherigen Ermittlungen ergab. Nach der Vernehmung sollte die Entscheidung fallen, ob sie gegen ihn einen Haftbefehl erwirken wollten oder nicht.

Schlichting war ziemlich sauer, als er am nächsten Morgen Lukas' Notiz auf seinem Schreibtisch vorfand, aber es gab noch keine Gelegenheit, mit ihm zu sprechen. Benjamin Lukas würde an diesem Tag etwas später beim Dienst erscheinen, weil er seine Frau am Vormittag zu einem Termin beim Frauenarzt begleiten wollte. Schlichting wusste, wie bedeutend das für den werdenden Vater war und er wollte ihn deshalb nicht vorher mit einem Anruf unnötig unter Stress setzen. Aber er würde ihn sich vornehmen, sobald er wieder im Dienst war. Die Unterredung mit Macke war ungeheuer wichtig für die Ermittlungen der Mordkommission. Das hätte auch Lukas klar sein müssen. Es sprach viel dafür, dass die Aussage des Präsidialrichters sie insbesondere zu der Frage weiterbringen würde, ob es einen Täter oder eine Tätergruppe gab, die für beide Fälle im Haus der Gerichte verantwortlich gemacht werden könnten oder nicht.

***

Schlichting und Ella Sturm brauchten einige Minuten, bis sie die richtige Krankenabteilung und das Zimmer Nr. 105 finden konnten. Sie waren eigentlich davon ausgegangen, dass Macke noch in der Intensivstation lag, aber die hätten sie sicher nicht ohne Weiteres betreten dürfen.

Ihr Klopfen wurde mit einem lauten „Herein" beantwortet. Das Zweibettzimmer war nur mit einem Patienten belegt. Es war nicht Tobias Macke. Das zweite Bett war unbenutzt. Der stattliche

Mittfünfziger, der sie neugierig beäugte, konnte den beiden Kripobeamten leider nicht weiterhelfen. Die Schwestern im Schwesternzimmer konnten oder besser gesagt wollten ihnen auch keine Auskunft geben, sondern riefen den behandelnden Arzt, der gut zwanzig Minuten auf sich warten ließ. Erst nach vielem Zureden und einer telefonischen Nachfrage bei Mackes Ehefrau rückte dieser mit Informationen über den Patienten heraus: Sein Zustand hatte sich am Vortag nur scheinbar verbessert. Am Morgen entschieden die Ärzte, ihn ins künstliche Koma zu versetzen. Sie hofften auf diese Weise, seinen Körper nach seinen schweren Verletzungen entlasten zu können. „Er manövrierte sich in den letzten Tagen immer weiter in eine Art psychische Stresssituation hinein. Das stand dem Genesungsprozess entgegen. Gestern Abend verschlechterte sich sein Zustand deutlich. Von dem Verlauf seiner Gesundung hängt ab, wann wir ihn aus dem Koma wieder aufwecken werden."

19. Kapitel: Sönke

Susan war bestens gelaunt. Ella warf ihr mehrfach einen fragenden Blick zu und zwinkerte dabei mit einem Auge. Sie schien zu ahnen, was mit der Kollegin los war. Susan lächelte in sich hinein. Das war typisch. Frauen besaßen selbst für kleine Gefühlsregungen anderer Personen oft einen sechsten Sinn. Männer dagegen merkten selbst dann nichts, wenn sich wahre Gefühlsgewitter unmittelbar vor ihren Augen abspielten. Aber zunächst einmal wollte sie ihr Glück für sich behalten.

Sein Name war Sönke. Er war einfach perfekt: gutaussehend, keine Kinder, nicht verheiratet, 45 Jahre alt. Er sah sogar ein wenig jünger aus. Er fuhr einen Audi TT mit Ledersitzen. Seine Kleidung war genauso, wie sie es bei einem Mann mochte: leger und edel. Er sei selbstständiger Steuerberater, erzählte er ihr beim ersten gemeinsamen Restaurantbesuch.

Zum zweiten Treffen lud er sie per WhatsApp-Nachricht zu sich nach Hause ein. Er wolle für den kulinarischen Teil ihrer Verabredung sorgen. Susan überlegte zunächst, doch lieber einen Gegenvorschlag zu machen, einen weiteren Restaurantbesuch. Sie löschte den schon fertigen Text dann aber wieder und stimmte seinem Vorschlag zu. Es fühlte sich einfach richtig an. Außerdem waren ihre Kinder übers Wochenende beim Vater. Das musste sie ausnutzen.

Seine Wohnung war perfekt. Susan schätzte sie auf mindestens 100 qm. Und das für einen Einpersonenhaushalt! Jeder Raum war hell möbliert, alles war aufeinander abgestimmt. Vermutlich hatte er einen Innenarchitekten zurate gezogen. In einem Zimmer stand ein weißes Klavier, sonst war der Raum leer. Susan war sehr beeindruckt, als Sönke ihr erzählte, dass er eigentlich Pianist habe werden wollen. Jetzt komme er viel zu selten zum Spielen. Leider wollte er ihr an diesem Abend nichts vorspielen. Er sei ihretwegen einfach zu aufgeregt, aber bei ihrem nächsten Besuch würde er allein für sie die Musik des Komponisten Ludovico Einaudi von ‚Ziemlich beste Freunde', ihrem Lieblingsfilm, interpretieren.

Sie hatte sich vorgenommen, spätestens nach drei Stunden wieder nach Hause zu gehen. Aber dann kam alles anders.

Er zeigte ihr sein Schlafzimmer mit dem neuen cremefarbenen Boxspringbett. „Du glaubst nicht, wie bequem man dort liegt", erklärte er ihr, „wie auf Wolken." Es kam ihr schon ein wenig merkwürdig vor, als er sich auf das Bett warf, sie anlächelte und aufforderte, die Qualität des Lagers auch einmal zu überprüfen. So einen durchsichtigen Trick, sie in die Kiste zu bekommen, hätte er doch nicht nötig, dachte sie sich und legte sich trotzdem neben ihn. Er drückte auf einen Knopf am Kopfende und in der Mitte der Matratze genau zwischen ihnen erhob sich plötzlich geräuschlos ein kleiner Tisch. Sie zuckte zusammen. Er lachte, sprang auf und holte Sektgläser und eine Flasche Prosecco aus dem Mini-Kühlschrank, der dezent in einem Bord neben dem Bett versteckt war. Die Marke gab es neulich im Supermarkt zum Sonderpreis von 18,50 Euro je Flasche. Es war wirklich gemütlich. Als die Gläser geleert waren, drückte er wieder auf den Knopf und versenkte den Tisch. Aber sie standen nicht auf. Dann kam Sönke ihr näher. Alles ergab sich wie selbstverständlich. Danach schlief sie ein und hatte rosarote Träume in der cremefarbenen Satinbettwäsche.

Am folgenden Sonntagmorgen erhielt ihre Verabredung leider einen wichtigen Anruf und musste sofort in sein Büro fahren. Das versprochene Frühstück mit Orangensaft, Rührei, Lachs und Toastbrot fiel leider aus. „Selbst und ständig", erklärte er ihr bedauernd, „das ist der Nachteil meiner beruflichen Unabhängigkeit."

Den Rest des Wochenendes fühlte sich Susan, als ob sie schweben würde.

Es war in Ordnung, dass er am selben Tag nicht sofort die nächste Nachricht schrieb, auch am Montag nicht. Auch nach ihrem ersten Date waren ein paar Tage Zeit vergangen, bis er sich wieder gemeldet hatte.

Aber am Dienstagfrüh konnte sie es nicht mehr aushalten. „Hallo Sönke, es war eine sehr schöne Nacht. Wie wäre es, wenn wir uns am Samstag wiedersehen?" Diese dritte Textfassung sandte sie nach Löschung der ersten beiden zu euphorisch klingenden Versionen schließlich ab. Leider zeigte sich nicht, wie sonst üblich, zwei blaue Balken als Hinweis, dass er ihre Mitteilung auch gelesen hatte. Er antwortete nicht, nicht nach einer Stunde, nicht bis zum Mittag, nicht bis zum Feierabend und auch am nächsten Morgen war noch keine Nachricht da. Susan konnte nicht widerstehen, ständig ihr Handy zur Hand zu nehmen und darauf zu starren.

Ella bemerkte selbstverständlich Susans verändertes Verhalten und sie registrierte auch, wie sich ihrer Laune von Tag zu Tag verschlechterte. „Komm, ich lade dich zu einem Kaffee ein." Sie erhob sich und forderte Susan mit dieser Geste zum Mitkommen auf.

„Erzähl schon, was ist los? Meldet er sich nicht?" Susan wunderte sich nicht einmal, dass Ella sie durchschaute. Sie war froh, endlich mit jemandem sprechen zu können und erzählte in allen Einzelheiten, denen die Kollegin mit aufmerksamer Miene folgte, was passiert war.

„Ich habe dein Bild gesehen und … Es gibt sie wohl doch, die Liebe auf den ersten Blick", so hatte er sie auf dem Partnerportal angeschrieben. Ella fand das ziemlich kitschig, verzog aber keine Miene. „Sieh doch einfach mal nach, wann er das letzte Mal im Portal ‚on' war", forderte sie die Kollegin auf und zeigte ihr gleich, wo man diese Information abrufen konnte.

„Das kann doch nicht sein, ich finde ihn nicht wieder!" Susan war ganz unglücklich. „Guck mal, hier sind meine Kontakte. Wenn ich ihn anklicke, kommt nur die Nachricht ‚der Kontakt ist nicht erreichbar'." Susan traten Tränen in die Augen.

Ella riet ihr ab, mit Sönke noch einmal über WhatsApp Kontakt aufzunehmen. „Ich werde mich als Gast einloggen und schreibe ihn an, wenn ich ihn finde," schlug sie vor, „aber erst heute Abend, einverstanden?"

Es dauerte eine Weile, bis Ella unter den zahlreichen Hinweisen des Anbieters die Information fand, wie man eine andere Person blockieren kann, wenn man keinen Kontakt mehr zu ihr wünscht. „Wenn Sie die Mitteilung erhalten ‚der Kontakt ist nicht erreichbar' ist diese Person entweder aus dem Portal ausgetreten oder sie hat Sie blockiert. Die gesamte Korrespondenz wird dann gelöscht. Ebenso können Sie selbst eine andere Person sperren, die sie dann nicht mehr anschreiben kann und zu der Sie selbst auch keinen Kontakt mehr aufnehmen können, bis Sie diese Aktion wieder rückgängig machen."

Ella meldete sich als Gast an, um die 14-tägige kostenlose Mitgliedschaft im Portal zu nutzen. Sie durfte nicht vergessen, rechtzeitig wieder auszutreten. Sonst würde der Freundschaftsdienst ziemlich teuer für sie. Sie suchte ein zwei Jahre altes Foto von sich aus, auf dem sie kaum wiederzuerkennen war, weil sie ihre Haare damals noch schulterlang getragen hatte, und stellte es ein. In der Personenbeschreibung machte sie sich ein paar Jahre älter. Es dauerte nur wenige Minuten, bis sie Sönke fand. Er ist jedenfalls nicht ausgetreten, stellte sie für sich selbst fest. Sie dachte sich ein paar Fakten über sich aus: Single, keine Kinder, Groß- und Außenhandelskauffrau in einer bekannten Firma, und schrieb ihn an.

Es dauerte keine Stunde, bis er antwortete, er sei Single, auf der Suche und sie sei genau sein Typ: „Ich habe dein Bild gesehen und … es gibt sie wohl doch, die Liebe auf den ersten Blick." Er hätte sich wenigstens die Mühe machen können, den Text etwas abzuwandeln.

20. Kapitel: Schlechte Stimmung

Der Frauenarzt brachte den werdenden Eltern beruhigende Nachrichten. Der Muttermund hatte sich nicht weiter geöffnet. Aber Svenja musste immer noch liegen. „Liegen, liegen, liegen", erklärte ihr der Gynäkologe. Er nahm Benjamin sogar noch einmal zur Seite und wiederholte: „Achten Sie darauf, dass Ihre Frau nur aufsteht, wenn es unbedingt nötig ist! Ihre Schwiegermutter ist zu Hause und passt auf sie auf? Das ist gut. So muss es bis zur Geburt ihres Kindes bleiben."

Der Arzt musste ja auch nicht mit Regina in einer Wohnung leben. Sie war ständig dabei, was immer sie auch machten. Man konnte sich schon freuen, dass sie nachts nicht mit ihnen zusammen im Doppelbett schlief.

Sie machte andauernd irgendwelche kritischen Anmerkungen über den Zustand der Wohnung, über fehlendes Zubehör im Geschirrschrank, über Benjamins Verhalten Svenja gegenüber. „Mit dem kleinen Kühlschrank werdet ihr aber demnächst nicht mehr auskommen" oder „Biomöhren, wenn ich das schon höre, das ist pure Geldschneiderei" oder „früher nahm man kein kalt gepresstes Olivenöl und es hat auch allen geschmeckt" oder „bringst du deiner Frau eigentlich nie Blumen mit? wenigstens jetzt in ihrem Zustand könntest du das mal machen", oder … oder …

Eigentlich meckerte sie an allem herum, an Svenjas und Benjamins gesamten Lebensumständen, an seinem Verhalten. Sie machte das nicht immer offen, sondern oft auf eine leise, aber durchdringende Art und Weise. Benjamin konnte die Anwesenheit seiner Schwiegermutter kaum noch ertragen. Er verschwand morgens schnell aus dem Haus und kam erst spät zurück, viel später als zu der Zeit, als seine Frau noch nicht schwanger war.

Svenja fehlte das allabendliche Kuscheln vor dem Fernseher. Aber

Benjamin fühlte sich nicht imstande, vor seiner Schwiegermutter mit seiner Frau zu schmusen. Außerdem bestimmte der Gast das Abendprogramm. Netflix oder Prime waren tabu. Es kamen nur die Öffentlich-Rechtlichen in Betracht, und da vor allem Dokumentarfilme. Mal wieder einen amerikanischen Krimi anzusehen, wäre schön. „Lasst euer Kind bloß nicht zu früh fernsehen. Am besten vor dem vierten Lebensjahr gar nicht und dann höchstens …"

Sie wollte sicherlich nur helfen. Aber Benjamin fragte sich allmählich, ob es ihnen ohne Regina nicht besser gehen würde. Er war sich sicher, dass Svenja sich das auch ab und zu überlegte. Sie würde es ihm gegenüber allerdings nicht zugeben.

***

So schlecht war die Stimmung in der Mordkommission während einer Besprechung in dem aktuellen Fall noch nie gewesen. Sie entschieden sich mit drei zu zwei gegen einen Haftbefehl für den Wachtmeister Sörensen. Schlichting, Sturm und von dem Felde votierten mit ‚nein', Müller und Lukas mit ‚ja'.

Es hätte an sich keiner Abstimmung bedurft; denn Schlichting konnte als Ermittlungsleiter im Zweifel wichtige Entscheidungen auch ohne die Zustimmung der anderen treffen. Aber er wusste, dass eine Anordnung von oben herab den Teamgeist in der Kommission nicht gerade fördern würde. Also stimmten sie ab. Mit demselben Ergebnis, als wenn er eine Anordnung getroffen hätte.

Vor Sörensens Vernehmung meldete sich dessen Anwältin. Als sie im Landeskriminalamt auftauchte, konnte Müller sich ein Grinsen nicht verkneifen: „Sie sieht aus wie meine tote Tante Irma bei ihrer Konfirmation", flüsterte er Schlichting zu, der versuchte, sich nicht anmerken zu lassen, dass über die Advokatin gelästert wurde.

Die sehr junge Rechtsanwältin trug ein dunkelblaues, knielanges Kleid mit einem weißen Bubikragen. Sie hatte Schuhe an, die

Müller als Oma-Duck-Schuhe bezeichnete. Ihr Gesicht war von kräuselnden Löckchen umrahmt, die sich von dem auf dem Zenit ihres Kopfes aufgebauschten Dutt gelöst hatten. Ihr ernstes Kindergesicht wurde von einer großen Brille mit schwarzem Rand dominiert.

Sörensen machte von seinem Recht, die Aussage zu verweigern, auch diesmal keinen Gebrauch. Aber er blieb bei seinen Angaben vom Vortag. Ab und zu wurde er von seiner Anwältin unterbrochen. Dabei legte sie eine Hand auf seinen Arm und erläuterte: „Mein Mandant will sagen …" Schlichting fragte sich, ob sie diese Geste vielleicht bei einem Verteidiger in einem amerikanischen Film gesehen haben könnte, verzog aber keine Miene. Als er merkte, dass Müller, der neben ihm saß, sein Gesicht zu einem schrägen Grinsen verzog und dann Luft holte, stieß er ihn leicht mit dem Knie an. Ein unsachlicher Kommentar hätte sich an dieser Stelle nicht gut gemacht.

***

„Die Beweislage hat sich seit gestern nicht verändert", fasste Schlichting die Situation nach der Vernehmung des Wachtmeisters zusammen." Sie waren nicht weitergekommen. Als Ergebnis konnten sie Sörensen nicht länger festhalten.

Müllers schlechte Laune beruhte auf dem Abstimmungsergebnis.

Lukas hatte wegen der Sache mit Macke gleich zu Dienstbeginn vom Chef einen ordentlichen Einlauf bekommen. Hinzu kam seine häusliche Situation. Es gab für ihn keinen Grund, guter Dinge zu sein.

Susan begriff, dass Sönke sich bei Ella mit einer absolut identischen Textnachricht einschmeicheln wollte und sich nun gern mit der Kollegin treffen würde. Ella hatte ihr ganz vorsichtig erklärt, was es bedeutete, wenn man auf dem Dating Portal eine Person nicht mehr anschreiben konnte. Sönke blockierte sie. Susan war klar geworden, dass sie für ihn nach seinem schnellen Erfolg langweilig geworden war und er nun ein neues Abenteuer mit einer anderen Frau suchte. Wie konnte sie nur auf so einen hereinfallen!

Ella war es nicht leichtgefallen, vor der Kollegin mit der Wahrheit herauszurücken. Sie merkte, dass Susan ihrem Blick jetzt auswich. Dem Überbringer einer schlechten Nachricht wird eben oft die Schuld an einer Misere gegeben.

Schlichting dachte darüber nach, dass er den vermutlich letzten Fall vor seiner Pensionierung gern erfolgreich abschließen würde. Jetzt steckten sie in einer Sackgasse. Er vermisste an diesen hellen Sommertagen seine Sonnenbrille. Sie lag immer noch im Zimmer der Präsidialrichterin. Bei der Aufregung um Sörensen am Vortag im Haus der Gerichte hatte er wieder vergessen, die Brille von dort mitzunehmen. Ihm blieb nichts übrig, als noch einmal ins Gericht zu fahren. Bei diesem Gedanken begann sein Herz schneller zu klopfen. Er registrierte zwar, dass die in ihm aufkeimenden Gefühle für Katrin Meerbach für diese Regung verantwortlich waren. Er wischte diese Erkenntnis aber einfach weg. Mit diesem Problem wollte er sich jetzt nicht beschäftigen.

21. Kapitel: Wo ist Steinhagen?

Für Ella war es ungewohnt, nicht mit Susan, sondern mit Schlichting die nächste Vernehmung durchführen zu müssen. Alles sollte noch einmal von Grund auf neu überdacht werden. Deshalb wurde auch die Zusammensetzung der Ermittlergruppen verändert. Vielleicht waren die Gruppierungen Schlichting/Müller, Müller/Lukas und von dem Felde/Sturm zu sehr eingefahren und man übersah deshalb wichtige Details. Ella war in der direkten Zusammenarbeit mit ihrem Chef ein wenig unsicher. Gemeinsam mit Susan von dem Felde fühlte sie sich unbefangener. Schlichting dagegen empfand die neue Konstellation nicht als so wesentlich. Müller war zwar routinierter als Ella, dafür aber häufig ungehalten oder unsachlich mit den Personen, die er anhören sollte. Das führte dazu, dass Schlichting ständig das Gefühl hatte, er müsse auf ihn aufpassen. Derartige Ausreißer musste er bei Ella nicht befürchten. Die Idee, die Vernehmungen in geänderten Gruppen durchzuführen, die auf Lukas' Vorschlag beruhte, war sicher kein Allheilmittel. Aber es konnte auch nicht schaden, auf diese Weise in die Ermittlungsarbeit frischen Wind zu bringen.

„Eigentlich haben wir Steinhagen doch schon ausführlich vernommen." Ella saß mit gezücktem Notizbuch auf dem Beifahrersitz des Zivilwagens, mit dem sie und ihr Chef zur Kanzlei des immer noch als beschuldigt geführten Anwalts fuhren.

Schlichting lächelte sie von der Seite an. Sie verfügte eben doch noch nicht über alle Tricks, die man bei einer verzwickten Ermittlung anwenden musste. „Wir denken uns halt ein paar Fragen aus. Unser Ziel ist es, ihn zu verunsichern, um ihn so aus der Reserve zu locken. Er ist bestimmt auch der Meinung, dass er bereits alles gesagt hat, was wir aus seiner Sicht wissen sollten. Es ist wichtig, souverän aufzutreten und uns nicht anmerken zu lassen, dass wir eigentlich nichts gegen ihn in der Hand haben. Häufiger als man sich zunächst vorstellen konnte, bekommt man auf diese Weise ganz neue Informationen."

Als sie auf den Parkplatz der Kanzlei fuhren, standen in Ellas Notizbuch schon einige Fragen und Stichpunkte für die bevorstehende Vernehmung. Außerdem war ausgemacht, in welcher Reihenfolge und in welcher Rollenverteilung sie die Fragen stellen wollten. Für die ersten beiden war Schlichting zuständig: „Wann waren sie vor dem Tod Dr. Kaufmanns das letzte Mal im Haus der Gerichte?" – und – „Sind Sie mit irgendeinem der in dem Haus arbeitenden Richter befreundet?" Dann sollte Ella ergänzen: „Sind Sie mit einer anderen Person, die dort tätig ist, befreundet?"

Alle weiteren Punkte hatten sie nur stichwortartig notiert. Welche sie davon ansprechen wollten, hing vom Ablauf der Vernehmung ab.

Schon an der Eingangstür des Hauses, in der sich die Kanzlei befand, mussten sie erkennen, dass sie mit ihrem Plan vermutlich scheitern würden. Direkt auf dem Schild der Kanzlei stand auf einem Zettel die Aufschrift ‚Wir haben Urlaub'. Schlichtings Klingeln blieb ohne Reaktion.

„Es ist zwar Urlaubszeit, aber merkwürdig ist das schon." Schlichting war schon wieder auf dem Weg zum Auto. „Zum einen hat Steinhagen nichts von einem bevorstehenden Urlaub erzählt. Außerdem würde doch ein Mandant gern wissen, wann die Kanzlei wieder öffnet. Davon ist aber auf dem Zettel nichts zu lesen."

Auf der Homepage des Anwaltsbüros fehlte sogar jeglicher Hinweis darauf, dass sie überhaupt geschlossen hatten. Ella tippte in ihr Handy: „Ich ruf da mal an!" Schlichting sah sie von der Seite an. Auf die Idee wäre er von allein nicht gekommen. Der schnelle Griff zum Handy war ohnehin nicht seine Sache.

„Anwaltsbüro Steinhagen, Meinhardt hier, was kann ich für Sie tun?" Es war tatsächlich jemand da.

„Guten Tag. Ich bin gerade an Ihrer Kanzlei vorbeigegangen und habe den Hinweis gelesen, dass Sie geschlossen haben. Ich bin ein wenig überrascht, weil Herr Steinhagen mir gesagt hat, ich solle einfach ohne Termin für eine Beratung vorbeikommen …"

Die Mitarbeiterin des Anwalts ließ sie gar nicht erst ausreden: „Ich kann Ihnen da nicht weiterhelfen. Wir haben alle Termine für die nächsten Tage abgesagt. Herr Steinhagen musste aus persönlichen Gründen kurzfristig verreisen."

„Können Sie mir mitteilen, wann er wieder in der Kanzlei ist? Kann ich schon jetzt einen Termin bekommen?"

„Ich kann Ihnen leider auch nicht sagen, wann er zurück sein wird", die Mitarbeiterin machte eine Pause, als wenn sie überlegen müsste, was sie erzählen dürfte. „Wenn ich Ihnen einen Rat geben darf. Suchen Sie sich einen anderen Anwalt. Herr Steinhagen hat mir gestern überraschend eröffnet, dass er wegfahren will. Er werde sich in ein paar Tagen bei mir melden. Gleichzeitig hat er aber meine Kollegin entlassen, die noch in der Probezeit war. Ehrlich gesagt, glaube ich nicht, dass er hier noch einmal aufkreuzt. Ich selbst werde mir so schnell wie möglich einen neuen Job suchen."

Schlichting und Ella sahen sich an. Das war auch eine wichtige Information, nur nicht die, die sie erwartet hatten. „Fahren wir zu ihm nach Hause?" Schlichting startete den Wagen schon, bevor Ella antworten konnte.

***

Es war sofort zu erkennen, dass Steinhagens Haus leer war. Alle Rollläden waren heruntergelassen. Auf das Klingeln öffnete niemand.

„Wissen Sie, ob Herr Steinhagen verreist ist? – Polizei, mein Name ist Schlichting vom Landeskriminalamt", er zog seinen Ausweis und hielt ihn der schon etwas älteren Nachbarin, die neugierig bis zur Hecke des Grundstücks gekommen war, vors Gesicht.

„Er ist heute früh mit dem Taxi weggefahren. Es war noch nicht halb fünf. Er hatte zwei Koffer dabei. Wissen Sie, ich schlafe immer so schlecht. Ist irgendetwas passiert?"

***

„Ella hat gleich beim Flughafen angerufen und tatsächlich war Steinhagen auf der Passagierliste einer Maschine für die Strecke von Hamburg über Madrid nach Santiago de Chile. Ich bin mir sicher, dass das kein Ziel für kurzentschlossene Urlaubsreisende ist. Sein Flug nach Madrid war natürlich schon in der Luft. Inzwischen dürfte er dort gelandet sein. Von da aus geht es um 17:00 Uhr nach Santiago de Chile weiter", fasste Schlichting seine und Ellas Ermittlungsergebnisse des Vormittags zusammen.

„Ich verstehe nicht, worauf wir warten! Steinhagen ist auf der Flucht, das ist doch ganz klar. Wir müssen sofort zum Staatsanwalt, damit der einen Haftbefehl gegen ihn beantragen kann." Müller stand auf, so als wollte er sofort zur Staatsanwaltschaft loslaufen.

Schlichting schüttelte den Kopf: „Du hast recht, Stefan, Steinhagen ist aller Wahrscheinlichkeit nach auf der Flucht, aber das reicht doch nicht, um einen Haftbefehl wegen Mordes an

Dr. Kaufmann gegen ihn zu erwirken. Das muss ich dir doch nicht erklären. Dazu brauchen wir auch noch den dringenden Tatverdacht und den haben wir eben nicht!" Schlichting war ein wenig ungehalten, weil Müller mit allen Mitteln gegen den Anwalt vorgehen wollte.

Susan meldete sich zu Wort. Sie hatte am Vortag mit Torben aus dem Fachkommissariat für Wirtschaftsdelikte einen Kaffee in der Cafeteria getrunken. „Wir ermitteln auch gegen Steinhagen", wusste der ihr zu berichten. „Es liegt gegen ihn eine Strafanzeige wegen Veruntreuung vor. Es geht um 400.000 Euro." Wie sich herausstellte, ging es um die Subvention von 400.000 Euro, die seine Mandantin, die Klägerin vor Kaufmanns Kammer im Verwaltungsgericht, bereits an die zuständige Behörde zurückgezahlt hatte. Nach dem

Vergleich der Parteien wurde die Subvention erneut ausgezahlt, und zwar auf Steinhagens Konto, dessen Nummer der Behörde bekannt war. Da er Rechtsanwalt der klagenden Firma war, wäre das an sich auch kein Problem gewesen. Nur, Steinhagen leitete den Betrag gerade nicht, wie es seine Pflicht gewesen wäre, an die Klägerin weiter. „Ein Haftbefehl gegen den Anwalt kommt zurzeit trotzdem nicht in Betracht, wir haben ja keinen Haftgrund", war Torbens Auskunft auf ihre Nachfrage.

„Da haben wir doch den dringenden Tatverdacht, wenn auch nicht in unserem Mordfall." Müller witterte Morgenluft. „Obwohl ich mir eigentlich nicht vorstellen kann, dass ein Rechtsanwalt wegen eines Betrags von 400.000 Euro seine Existenz auf Spiel setzen will. Für dieses Geld würde man heute allenfalls ein Reihenhaus in Quickborn mit einem Grundstück von 50 qm bekommen."

„Ich glaube nicht, dass das für alle Anwälte in Hamburg gilt. Viele müssen wegen viel geringerer Beträge ihre Praxen aufgeben. Und Steinhagens Kanzlei scheint im Moment nicht gut zu laufen, wenn man den Angaben von Frau Baden-Kaufmann Glauben schenken darf", erinnerte Schlichting an die Aussage der Ehefrau des Toten über die finanzielle Situation des Rechtsanwalts.

„Der Fall mit der Subvention über 400.000 Euro scheint im Übrigen auch nur die Spitze des Eisbergs zu sein. Toben Stadtler erwähnte, dass sie wegen weiterer ähnlicher Ungereimtheiten in Steinhagens Büro ermitteln", wiederholte Susan das, was sie von ihrem Bekannten wusste.

„Nun, Stefan hat recht, auf jeden Fall gibt es dazu jetzt auch einen Haftgrund, Fluchtgefahr!" Schlichting stand auf, um sich einen Kaffee aus der Kaffeemaschine einzuschenken.

„Susan, du hast doch gute Kontakte zum Fachkommissariat Wirtschaftskriminalität, versuch mal, bei denen etwas Druck zu machen. Ich könnte mir gut vorstellen, dass sie sich angesichts der neuen Tatsachen gegen Steinhagen einen Haftbefehl holen werden.

Ellas Handy gab den Signalton für eine eingehende Nachricht ab.

„Es gibt kein Auslieferungsabkommen mit Chile. Die liefern nur nach diplomatischen Anfragen und nach Gutdünken aus, was im Einzelfall lange dauern kann", las sie die Antwort ihres Freundes Jan auf ihre Nachfrage vor, ob ein deutscher Haftbefehl von dem südamerikanischen Land auch vollstreckt würde.

Müller guckte ein wenig dümmlich aus der Wäsche. Sein Unterkiefer war leicht nach unten gekippt. Er konnte seine Überraschung über Ellas eigenständige Initiative nur schlecht überspielen. Schlichting grinste: „Manchmal ist es doch gut, wenn ein Jurist einen Blick auf einen Fall wirft. Aber für uns ist diese Information natürlich nicht erfreulich. Es scheint, als ob wir Steinhagen abschreiben müssten."

Jetzt war es Benjamin Lukas, der für eine Überraschung unter den Kollegen sorgte: „Sagtest du nicht, dass sein Flug über Madrid geht, also Spanien, also Europäische Union? Dort würde man doch einen deutschen Haftbefehl vollstrecken können."

***

Es war 14:00 Uhr. Um 17:00 Uhr sollte der Flieger von Madrid nach Santiago de Chile starten.

Das war nicht viel Zeit, um einen sogenannten Europäischen Haftbefehl zu erwirken, ihn an die spanische Flughafenpolizei weiterzuleiten und dann dort zu vollstrecken.

Susan erreichte Torben glücklicherweise sofort – und konnte ihn sehr schnell überzeugen, sich um einen Haftbefehl gegen Steinhagen zu kümmern. Tatsächlich hatte das Fachkommissariat Wirtschaftskriminalität nur wegen des fehlenden Haftgrundes bisher keinen derartigen Beschluss gegen den Anwalt erwirkt. Hinzu kam, dass man dort mit den verschiedenen in so einem Fall beteiligten Stellen gut vernetzt war, das heißt, die meisten der Kripobeamten der Abteilung kannten nicht nur die zuständigen Staatsanwälte, sondern auch die für die Ausstellung des Haftbefehls verantwortlichen Richter aufgrund jahrelanger Zusammenarbeit persönlich.

Torben telefonierte mit dem Staatsanwalt und kündigte sein Kommen an. Er begab sich sofort auf den Weg. Keine viertel Stunde später betrat er mit dem Antrag auf Erlass eines Haftbefehls das Gebäude des Amtsgerichts. Leider war der Richter zuvor nicht telefonisch zu erreichen.

„Der ist im Urlaub, aber sein Vertreter Herr Petersen ist in seinem Zimmer." Torben hatte sich von der Geschäftsstelle eine andere Auskunft erhofft. Einen Richter Petersen kannte er bisher noch nicht.

Die Stimme, die er auf sein Anklopfen mit einem „Herein" antwortete, hörte sich sehr tief an, ein Bassbariton. Der junge Mann, der hinter seinem Schreibtisch saß und sich mit freundlichem Lächeln zu Torben umdrehte, passte nicht so recht dazu. Vielleicht nahm er Gesangsunterricht und plante eigentlich eine Karriere als Opernsänger? Er erzählte ihm sogleich, dass er unmittelbar nach seinem Zweiten Staatsexamen vor wenigen Wochen beim Amtsgericht als Proberichter angefangen hatte und lauschte Torbens Bericht über den „Fall Steinhagen" mit großer Aufmerksamkeit und ohne ihn zu unterbrechen.

Anschließend drehte er sich mit seinem Schreibtischstuhl um, sagte dabei kein Wort, öffnete den Internetbrowser in seinem auf dem Tisch stehenden PC und tippte in die Suchzeile die Worte „Europäischer Haftbefehl" ein.

„Ich will Sie ja nicht hetzen, aber es ist wirklich sehr eilig!", versuchte Torben die Sache zu beschleunigen. „Wenn unser Beschuldigter erst einmal im Flugzeug von Madrid nach Santiago de Chile sitzt, ist es zu spät."

Doch der junge Mann ließ sich nicht beirren. Nicht einmal das Lächeln auf seinem Gesicht erstarb: „Ich kann Ihre Eile sehr gut nachempfinden. Aber Sie müssen verstehen, dass trotz der Dringlichkeit alles seine Ordnung haben muss. Am besten, Sie warten draußen auf dem Flur. Ich rufe Sie dann herein, wenn ich so weit bin."

Torben fühlte, dass ein weiteres Drängeln keinen Zweck haben würde. Er hätte dem Jungrichter natürlich den Rat erteilen können, sich bei einen erfahrenen Kollegen Hilfe zu holen. Aber auch das hätte vermutlich eher das Gegenteil bewirkt. Wahrscheinlich würde sein Gegenüber dann sogar seine Freundlichkeit verlieren. Torben setzte sich auf eine einige Meter von der Zimmertür entfernte Holzbank und wartete. Er zwang sich, ruhig zu bleiben, auch wenn er innerlich kochte.

„Hast du den richterlichen Beschluss schon?" Die Nachfrage von Susan, die als Textnachricht auf seinem Handy erschien, musste Torben auch eine halbe Stunde später mit einem ‚nein, noch nicht' beantworten.

Weitere fünfzehn Minuten vergingen, bis schließlich der Kopf des nach wie vor verbindlich lächelnden jungen Richters in der Spalte zwischen seiner Dienstzimmertür und dem Türrahmen erschien. Torben zwang sich, nicht hinzustürzen. Erst als er das gewünschte Papier in den Händen hielt und die Tür zum Dienstzimmer sich wieder schloss, rannte er los.

Als er endlich – glücklicherweise ohne weitere Verzögerungen durch den Verkehr – im LKA erschien, war es 15:45 Uhr. Noch eineinviertel Stunden bis zum Abflug.

Die Übermittlung des Haftbefehls nach Madrid war schnell erledigt. Ein Kollege hatte schon während Torbens Abwesenheit mit der zuständigen Flughafenpolizei am Airport Madrid-Barajas telefoniert. Sein Gesprächspartner Sr. Garcia redete in einem verständlichen Englisch und gab ihm seine Durchwahl.

Er sei unter dieser Nummer bis mindestens 17:00 Uhr erreichbar.

Als Torben die Ziffern in die Tastatur des Telefons eintippte, meldete sich eine Frauenstimme. Es stellte sich schnell heraus, dass die Dame am anderen Ende der Leitung nur Spanisch sprach. „El señor García no está allí." Die wenigen spanischen Brocken, die Torben verstand, reichten aus, um zu begreifen, dass Herr Garcia nicht anwesend war.

„Ich hole Frau Chuan Quispe", flüsterte ihm sein Zimmerkollege ins Ohr. Die Kripobeamtin peruanischer Herkunft konnte nicht weit sein.

Tatsächlich vergingen keine zehn Minuten, bis Maria Chuan Quispe etwas abgehetzt das Zimmer betrat und den Hörer übernahm. Den schnell in spanischer Sprache gewechselten Worten konnte Torben nun nicht mehr folgen.

„Wir sollen in fünfzehn Minuten wieder anrufen." Maria legte den Hörer auf. „Die spanische Polizistin will ihren Vorgesetzten holen. Sie ist erst seit ein paar Tagen bei der Flughafenpolizei in Madrid und darf solche Entscheidungen nicht allein treffen."

Noch vierzig Minuten bis zum Abflug.

Genau fünfzehn Minuten später wählte Maria die Nummer erneut. Das nun in ungeheurer Geschwindigkeit gesprochene Palaver zwischen ihr und ihrem Gesprächspartner am anderen Ende der Leitung war für Torben nicht zu verstehen. Schließlich legte die Kripobeamtin den Hörer wieder auf und nickte Torben zu: „Sie wollen den Haftbefehl vollstrecken, wir sollen in einer halben Stunde wieder anrufen."

Als zuerst Maria und anschließend Torben die Nummer nach genau dreißig Minuten erneut wählten, meldete sich zunächst niemand. Vielleicht waren sie von ihrem Einsatz noch nicht wieder zurück?

Doch auch nach weiteren fünfzehn Minuten nahm niemand den Hörer auf der anderen Seite ab. Fünf Minuten später rief Torben wieder an, dann erneut nach weiteren fünf Minuten. Er bekam schon Bauchschmerzen vor Nervosität und er verspürte am ganzen Körper einen Juckreiz.

„Garcia", Torbens Herz machte einen Sprung. Der englischsprechende Polizist, der jetzt endlich am Apparat war, wusste sofort Bescheid, worum es ging. Nein, es habe leider nicht geklappt. Herr Garcia räusperte sich. Dann legte er den Hörer zur Seite und hustete. Er schien es nicht eilig zu haben, seine schlechten Nachrichten weiterzugeben. Es dauerte eine Weile, bis Torben seine Stimme wieder vernahm. Die Kollegen seien versehentlich auf das falsche Terminal gegangen. Als sie endlich ihren Irrtum bemerkt hätten, sei der Flieger schon nach Santiago de Chile gestartet … mit dem Passagier Steinhagen an Bord.

22. Kapitel: Zwei Richterinnen

Ella legte sich eine im Schnellkochtopf zubereitete gefüllte rote Paprika nach einem Rezept von Jans Mutter auf den Teller. Die Dinger sahen wirklich gut aus. In den letzten Wochen kochte ausschließlich Jan. Ella kam einfach nicht dazu. Sie nahm sich vor, wenigstens am Wochenende mal wieder am Herd zu stehen. Eigentlich machte ihr das Kochen sogar Spaß, wenn bloß die Küche danach nicht immer so schlimm aussehen würde. Das ‚Küche machen' nach der Herstellung der Mahlzeit nahm meist mehr Zeit in Anspruch als die Zubereitung der Speisen. Im Übrigen hätte Ella bei der sommerlichen Hitze auch ein einfacher Salat oder eine Melone mit Schinken zum Abendessen genügt. Aber für Jan mit seinem unersättlichen Appetit wäre das sicher nicht ausreichend.

„Und, seid ihr weitergekommen?" Jan schluckte einen Bissen hinunter. Ella antwortete mit vollem Mund, zeigte dabei mit einer Hand auf ihre gefüllte Paprikaschote und reckte gleichzeitig den Daumen der anderen Hand nach oben: „Nicht wirklich! Die Steinhagen-Story kennst du ja schon. Mit dem Anwalt kommen wir erst einmal nicht weiter. Schlichting will bei den Wirtschaftskriminellen erreichen, dass die sich um seine Auslieferung aus Chile kümmern. Wir können da nicht eingreifen. Du weißt schon, die Zuständigkeiten! Benjamin und Susan waren bei der Präsidialrichterin Meerbach. Aufgrund Ihrer Hinweise haben wir entschieden, wer aus dem Haus der Gerichte befragt werden soll, eventuell auch ein zweites Mal. Herzog, den einen der Beisitzenden Richter aus Dr. Kaufmanns Kammer, wollen wir uns auf jeden Fall noch einmal vornehmen und natürlich die Gerke."

„Und was ist mit der anderen Beisitzenden Richterin, der Proberichterin?" Jan nahm einen Schluck aus dem Weinglas. Er griff sich eine der Cantuccini nach einem Rezept aus dem Internet, die hervorragend zu dem Wein schmeckten.

„Die ist ja jetzt in einer anderen Kammer. Außerdem war sie am Todestag erst im Gericht, als man Kaufmann schon gefunden hatte. Von ihr werden wir wohl keine neuen Erkenntnisse erlangen."

Jan tippte in sein Tablet, das neben seinem Essteller lag.

„Sagtest du nicht, dass sie seit drei Jahren Richterin ist? Die ist ja immer noch Proberichterin!" Jan zeigte seiner Freundin den Geschäftsverteilungsplan des Verwaltungsgerichts, der auf der Homepage der Hamburger Gerichte zu finden war. In der Besetzung der Kammer waren u. a. ‚Vorsitzende Richter am Verwaltungsgericht', ‚Richter am Verwaltungsgericht' und ‚Richter' aufgeführt: „Hier kannst du das erkennen. Wenn da nur ‚Richter' oder ‚Richterin' steht, ist der oder die Betreffende noch nicht auf Lebenszeit ernannt, also Proberichter oder -richterin. Bei der Pottschmidt steht nur ‚Richterin' ohne Zusatz."

Jan nahm sein Handy und verschwand im kombinierten Schlaf-/ Arbeitszimmer. Fünf Minuten später kam er zurück: „Ich habe Julian angerufen. Du weißt schon, den Amtsrichter. Ich dachte mir das bereits und er hat es mir bestätigt."

„Was hast du dir gedacht und was hat er dir bestätigt?" Ella wurde ungeduldig. „Warum hast du überhaupt herumtelefoniert und worum geht es jetzt eigentlich? Ich habe, ehrlich gesagt, kein Wort verstanden."

Jan setzte sich wieder an den Küchentisch: „Also, normalerweise ist ein Richter bzw. eine Richterin drei Jahre lang auf Probe tätig. Nur in den Fällen, in denen der oder die Betreffende sich nach Einschätzung seiner Vorgesetzten während dieser Zeit noch nicht ausreichend bewährt hat oder in denen jemand längere Zeit zum Beispiel wegen einer Erkrankung oder einer Schwangerschaft ausgefallen ist, wird die Zeit verlängert. Nach drei Jahren, dem Ablauf der normalen Probezeit, kann der Betreffende aber auch rausgeschmissen werden, spätestens nach vier Jahren. Das setzt natürlich voraus, dass man aufgrund der geleisteten Arbeit zur Auffassung gelangt ist, dass er den Anforderungen an den Job eines Richters nicht genügt. Was ich sagen will: Es spricht vieles dafür, dass mit der Frau Pottschmidt während der Probezeit in Kaufmanns Kammer nicht alles so gut gelaufen ist."

***

Ein paar Fragen, die Frau Meerbach ihm sicher gern beantworten würde, gab es da noch. Schlichting wollte vorher nicht extra eine Besprechung anberaumen und fuhr ins Gericht, ohne zuvor mit den anderen der Kommission Rücksprache gehalten zu haben. Als Ermittlungsleiter würde ihn deshalb keiner kritisieren. Er fühlte zwar selbst, dass ihn da noch etwas anderes antrieb; das musste aber keiner wissen oder sogar kommentieren. Falls er bei seinem Besuch etwas Brauchbares herausbekommen würde, könnte er es immer noch bei der nächsten Beratung berichten.

Das Haus der Gerichte sah beinahe unwirklich aus. In der gleißenden Mittagssonne schien das Gebäude in einen zarten Nebelschleicher gehüllt wie vom Boden abgehoben einige Zentimeter in der Luft zu schweben. Auf dem Vorplatz war keine einzige Person zu sehen. Der Eindruck änderte sich auch nicht, als er das Gebäude betrat. Die Flure waren menschenleer und es herrschte eine fast gespenstische Stille. Es ist Ferienzeit, dachte Schlichting. Da haben viele Mitarbeiter Urlaub und auch die meisten Anwälte sind verreist. Tatsächlich hing an keinem einzigen der Sitzungssäle eine Terminrolle. Das Haus wirkte wie ausgestorben.

Der Aufzug stand schon zu seiner Aufnahme bereit und brachte ihn nahezu lautlos in den vierten Stock. Es fühlte sich an, als würde er zum Zimmer der Meerbach schweben. Auf sein Klopfen an der Zimmertür der Präsidialrichterin hörte er ein leises, aber deutliches ‚Herein'. Als er ihre Stimme vernahm, spürte der Hauptkommissar ein Kribbeln im Bauch, eine Regung, wie er sie gefühlt hatte, als er seiner Frau das erste Mal begegnet war. Oder war es beim ersten Kuss oder beim Jawort vor dem Standesamt?

Was war schon dabei? Katrin war ihm eben sympathisch und er freute sich, sie wiederzusehen.

Er öffnete die Tür. Sie saß mit dem Rücken zur Tür auf ihrem Bürostuhl. Sie trug ein schwarzes Kleid. Nein! Jetzt erkannte Schlichting es genau: Es war ihre Robe. Vielleicht kam sie gerade aus einer mündlichen Verhandlung!

Jetzt drehte sie sich auf ihrem Stuhl zu ihm um. Ihre Amtstracht war vorn nicht zugeknöpft. Sie trug darunter hautfarbene Kleidung, die durch die Öffnung der beiden Vorderteile ihres Gewandes hindurchlugte. Ihre bloßen Füße zierten hochhackige rote Pumps. Sie lächelte ihren Besucher an und ging auf ihn zu. Gleichzeitig griff sie mit beiden Händen nach oben an den Kragen ihrer Robe und schob sie über ihre Schultern nach hinten. Das schwarze Kleidungsstück fiel hinter ihrem Rücken zu Boden. Ein heißer Schreck durchfuhr Schlichting: Katrin Meerbach war vollkommen nackt.

Er wollte sie anstarren, aber seine Lider drückten schwer auf seine Augäpfel. Er fühlte, wie sich zwischen seinen Beinen etwas regte. Er streckte die Arme nach ihr aus und versuchte, auf sie zuzugehen. Er bewegte die Beine, kam aber nicht vorwärts, so sehr er sich auch bemühte. Er wollte endlich bei ihr sein, sie endlich in die Arme nehmen!

Plötzlich hörte Schlichting ein lautes schnarrendes Geräusch, das sich in regelmäßigen Abständen wiederholte. Was war das?

Ruckartig öffnete er seine Augen. Er musste sich einen Moment besinnen, bis er erkannte, dass er in seinem eigenen Schlafzimmer lag, in seinem Ehebett neben seiner Frau. Sie war mit einer leichten Erkältung früh zu Bett gegangen. Sonst schlief sie, ohne einen Ton von sich zu geben. Jetzt schnarchte sie.

Schlichting Blick glitt bis zu seinen Füßen. Die Decke war zum Ende des Bettes weggestrampelt. Seine karierte Schlafanzughose bildete zwischen seinen beiden Beinen ein Zelt.

***

„Ich glaube zwar nicht, dass uns die Frage, ob die Probezeit der Frau Pottschmidt verlängert wurde oder nicht, hier weiterbringt, aer du kannst ja mal bei der Präsidialrichterin nachfragen." Schlichting blickte nur kurz von seinem Schreibtisch auf, als Ella ihm berichtete, was ihr Freund Jan ihr über die Probezeiten der Richter erklärt hatte.

„Ich dachte, du würdest das vielleicht gern selbst machen, weil du einen so guten Draht zu Frau Meerbach hast." Der Satz war noch nicht ganz ausgesprochen, als Ella merkte, dass Schlichtings Gesicht sich leicht verfinsterte. War da zwischen ihm und der Präsidialrichterin irgendetwas vorgefallen, von dem sie nichts wusste? „Ich mach das gern und fahr gleich hin", fügte sie deshalb hinzu, ohne eine Reaktion ihres Chefs auf ihre Anmerkung über seinen guten Draht zu der Richterin abzuwarten. „Haben wir sonst noch Fragen zu unserem Fall, die sie vielleicht klären könnte?"

Auch Schlichting ging auf Ellas Bemerkung mit keinem Wort ein: „Vielleicht weiß sie etwas Neues von Macke. Ach ja, sie hat doch erzählt, dass Sachakten aus der Kammer des Toten verschwunden sind! Frag da noch einmal nach. Eventuell sind die wieder aufgetaucht. Und übrigens, ich glaube, ich habe meine Sonnenbrille in Frau Meerbachs Zimmer vergessen. Bring sie mir bitte mit."

***

Katrin Meerbach machte keinen überraschten Eindruck, als Ella anstelle des Ermittlungsleiters bei ihr erschien, um einige Fragen sie stellen. Sie gab genauso wie bei Schlichtings Besuchen hilfsbereit und freundlich Auskunft. „Es stimmt, die Probezeit von Frau Pottschmidt ist verlängert worden. Sie war im ersten Jahr ihrer Tätigkeit hier im Gericht in einer Kammer, dessen Vorsitzender kurz vor Ablauf dieses Jahres überraschend verstorben ist. Er hatte leider bis zu seinem Tod noch keinen Beurteilungsbeitrag für die Kollegin geschrieben. Dann kam sie in Kaufmanns Kammer. Der ist mit seinen Einschätzungen über die Proberichter, die bei ihm arbeiteten, nie hausieren gegangen. Nicht einmal dem Präsidenten gegenüber hat er irgendetwas erwähnt. Er hätte schon lange eine Stellungnahme über Frau Pottschmidts Leistungen in der Kammer schreiben müssen, hat das aber – aus welchen Gründen auch immer – nicht gemacht. Dann starb er und die übliche dreijährige Probezeit der Kollegin Pottschmidt war vorbei. Mit Einverständnis der Richterin haben wir uns deshalb entschieden, diese Zeit zu verlängern."

Ella machte sich ein paar Notizen. „Haben Sie etwas Neues über Dr. Macke gehört? Ist geplant, ihn aus dem Koma zu erwecken?"

Katrin Meerbach nickte schon mit dem Kopf, während Ella die Frage formulierte: „Seine Frau hat mich gerade heute früh angerufen. Ich selbst bekomme aus der Klinik als Nichtangehörige natürlich keine Informationen. Er soll tatsächlich in den nächsten Tagen aufgeweckt werden. Sobald ich etwas höre, rufe ich Sie an. Ich habe ja die Durchwahl Ihres Chefs. Grüßen Sie ihn übrigens ganz herzlich von mir."

Offenbar hatte Ella sich bei ihrer Vermutung getäuscht, es hätte zwischen Schlichting und Frau Meerbach Unstimmigkeiten gegeben. Jedenfalls ließ sich das weder einer Bemerkung ihrer Gesprächspartnerin noch ihrer Stimme oder ihrem Gesichtsausdruck entnehmen, selbst als sie Grüße an ihn ausrichten ließ.

„Die Sachakten haben sich leider nicht wieder angefunden", beantwortete die Präsidialrichterin die letzte Frage der Kommissarin. „Und das ist besonders ärgerlich, weil es sich wegen des Rechtsgebiets zum Teil um sehr alte Akten handelte, die kaum rekonstruiert werden können. Es waren Karten aus dem vorletzten Jahrhundert dabei."

Ella horchte auf, ohne genau zu wissen, warum. Langsam entwickelte sie ein Gefühl dafür, wann sie weiter nachhaken musste und wann nicht. „Darf ich fragen, um welches Rechtsgebiet es sich handelte? Ich habe Sie doch richtig verstanden, es war immer dasselbe Rechtsgebiet?" Frau Meerbach nickte erneut: „Es waren sogenannte Erschließungs- und Ausbaubeitragssachen." Ella notierte sich den Begriff. Davon hatte sie während ihrer Studienzeit noch nie etwas gehört. Wahrscheinlich war das für ihren Fall auch nicht relevant. Aber sie nahm sich trotzdem vor, Jan danach zu fragen.

Auf dem Rückweg ins LKA fiel ihr Schlichtings Sonnenbrille ein. Sie hatte vergessen, die Präsidialrichterin danach zu fragen.

***

Ella merkte ihrem Freund an, dass der schon mit Spannung auf das Ergebnis ihrer Recherchen über die Proberichterin Frau Pottschmidt wartete. Er verzog unwirsch das Gesicht, als sie ihm mitteilte, dass sie und ihre Kollegen sich mit der Auskunft der Präsidialrichterin zufriedengeben wollten.

„Es wundert mich, dass sie eine Verlängerung ihrer Probezeit einfach so akzeptiert haben soll, jedenfalls wenn sie ihre Arbeit ohne Beanstandungen gemacht hätte." Ella konnte ihm da nicht so recht folgen: „Ist es nicht egal, ob sie ein paar Monate länger in der Probezeit ist? Sie bekommt deshalb doch nicht weniger Gehalt." Jan zuckte mit den Schultern.

Wenn er sich einmal in eine Sache verbohrt hatte, konnte er einfach nicht nachgeben. Sie kannte das hinlänglich aus anderen Diskussionen. Am besten man ging darauf nicht weiter ein und kam zu einem anderen Thema: „Erkläre mir bitte, was Erschließungs- und Ausbaubeitragssachen sind."

„Also," Ella befürchtete nach seinem Gesichtsausdruck und dem Ton in seiner Stimme, dass eine längere ermüdende Erläuterung folgen würde. Aber er bemühte sich tatsächlich um eine einfache Erklärung: „Man darf ein Grundstück nur dann bebauen, wenn es an die Versorgungsnetze und an das Wegenetz angebunden ist. Man sagt dazu technische bzw. verkehrsmäßige Erschließung. Dazu muss die Gemeinde Anlagen herstellen, also zum Beispiel die Fahrbahn, Gehwege, die Kanalisation usw. oder solche Anlagen verbessern oder erneuern. Das Geld holt sie sich zum Teil von den Grundstückseigentümern zurück."

„Und wieso braucht man dafür alte Karten?"

Jan war ganz in seinem Element: „Damit die Gemeinde solche Beiträge erheben kann, muss die Straße dem öffentlichen Verkehr gewidmet sein. Das ergibt sich oft aus ganz alten Akten." Jan holte tief Luft, aber Ella winkte ab. „Das reicht, mehr muss ich dazu bestimmt nicht wissen."

Jan stimmte ihr ausnahmsweise zu: „Das ist für euren Fall sicher nicht wichtig. Aber wisst ihr eigentlich, wer aus der Kammer diese Sachen bearbeiten sollte?" Ella verstand die Frage nicht: „Wieso wer, das kann man doch vorher gar nicht wissen, oder?"

Jans oberlehrerhafter Gesichtsausdruck verriet, dass sie falsch lag: „Hast du schon einmal etwas vom gesetzlichen Richter gehört?" Ohne eine Antwort abzuwarten, fuhr er fort: „Jede einzelne Kammer muss vorher genau nach allgemeinen Kriterien bestimmen, welcher Richter welche Klagen als sogenannter Berichterstatter bearbeiten muss. Das kann man z. B. nach Sachgebieten festlegen."

***

Ella wusste erst nicht so recht, wie sie die Fragen, die sich aus Jans Information für ihren Fall ergaben, an die Präsidialrichterin formulieren sollte. Aber die verstand sofort, worum es ihr ging: „Ich weiß nicht, wer für die Sachen in der Kammer zuständig war. Das wird man aber sicher aus dem internen Geschäftsverteilungsplan der Kammer erkennen." Ella hörte, wie Frau Meerbach am anderen Ende der Leitung etwas in ihren PC tippte: „Hier habe ich es. Die Sachen fielen alle in das Dezernat von Frau Pottschmidt. Sie war für die Erschließungs- und Ausbaubeitragssachen die zuständige Berichterstatterin."

23. Kapitel: Macke erzählt

Macke setzte sich im Bett auf. Er sah schmal und blass aus. Aber er lächelte Schlichting und Ella an, als sie in sein Krankenzimmer traten. Wie bei ihrem ersten Besuch im Hospital war das zweite Bett im Zimmer unbelegt, sodass kein weiterer Patient sie bei der geplanten Anhörung stören konnte.

Nach Meerbachs Anruf, in dem sie der Mordkommission wie versprochen Mackes Aufwachen mitgeteilt hatte, war Schlichting aufgesprungen. Das Telefonat erreichte sie mitten in einer Beratung, die der Ermittlungsleiter sofort unterbrach.

„Ella und ich fahren zu Macke. Wir setzen die Besprechung nach unserer Rückkehr fort, haltet euch bitte bereit."

Beim Verlassen des Raums sah Ella aus den Augenwinkeln die Überraschung in Müllers Gesicht. Auch Susan von dem Felde und Benjamin Lukas stutzten. Wahrscheinlich waren sie wie selbstverständlich davon ausgegangen, dass trotz der Vereinbarung, die Ermittlergruppen zu verändern, Müller und nicht sie den Chef ins Krankenhaus begleiten würden. Ella nahm sich vor, sich bei ihrer Rückkehr so zu verhalten, als sei ihr Einsatz eine Selbstverständlichkeit. Eine Diskussion darüber wollte sie auf jeden Fall vermeiden. Das würde das Verhältnis zwischen ihr und den Kollegen, insbesondere zu Müller, nur unnötig belasten.

Ella und Schlichting nahmen an einem kleinen Tisch vor dem Fenster Platz, auf dem sie auch das Aufnahmegerät für die Vernehmung abstellen konnten. Macke wollte bzw. musste seine Angaben vom Bett aus machen. Zum Aufstehen fühlte er sich noch zu schwach. Nur unter dieser Bedingung gestatteten ihm die Ärzte überhaupt, vor den Kripobeamten auszusagen.

„Gut, dass sie so schnell gekommen sind. Bevor ich meine Angaben mache, möchte ich etwas erklären", auf Mackes Hals zeigten sich ein paar rote Flecke. Es war nicht zu übersehen, dass er aufgeregt war.

„Das, was ich Ihnen sagen will, wusste ich schon, als Sie mich das erste Mal befragt haben, jedenfalls zum Teil. Ich hatte damals Skrupel, einen Kollegen zu belasten. Aber dann ist mir klar geworden, dass es um Mord geht und falsch verstandene Kollegialität deshalb hier fehl am Platz wäre."

Schlichting nickte ihm kaum merkbar zu. Er wollte ihn nicht unterbrechen. Ella hätte eigentlich gern etwas gefragt, spürte aber sofort, dass das an dieser Stelle noch nicht angebracht gewesen wäre.

Macke fuhr fort: „Ich möchte niemanden zu Unrecht beschuldigen. Ich habe nur einen Verdacht, bin mir also nicht hundertprozentig sicher. Das möchte ich vorwegsagen."

Schlichting nickte noch einmal. Ella spürte eine innere Erregung. Jetzt würde es spannend werden.

„Gleich nach dem Tötungsdelikt an Kaufmann schoss mir in den Kopf, dass Herzog möglicherweise der Täter sein könnte. Sie müssen wissen, dass der Kollege nach seiner Abordnung beim Oberverwaltungsgericht eine nicht so gute Beurteilung erhielt. Er bekam die Note ‚als Vorsitzender geeignet'. Das dürfte der Schulnote ‚befriedigend' oder ‚ausreichend' entsprechen. Die meisten anderen Richter erlangen die Bewertung ‚gut geeignet' oder sogar ‚sehr gut geeignet'. Irgendwann gab es eine Schwemme von Pensionierungen. Gleichzeitig wurden zahlreiche Beförderungsstellen frei. Herzog bewarb sich jedes Mal. Immer wurde ihm ein anderer Kollege oder eine andere Kollegin vorgezogen. So etwa vor drei bis vier Jahren ging diese Zeit zu Ende. Die Stellen der ausgeschiedenen älteren Vorsitzenden waren beinahe durchweg durch jüngere Nachfolger besetzt. Auf der anderen Seite gab es aber auch kaum neue Anwärter. Fast beim Oberverwaltungsgericht erfolgreiche Abgeordneten hatten den angestrebten Posten schon bekommen. Ziemlich genau vor zwei Jahren starb plötzlich ein Vorsitzender.

Es gab nur einen einzigen Bewerber auf diese Stelle: Herzog. Eigentlich hätte das ein Selbstgänger sein müssen. Ausgerechnet in dieser Zeit hing bei ihm der Haussegen schief. Seine Frau wollte sich wegen seiner Affäre mit einer Kollegin vom Amtsgericht von ihm scheiden lassen. Die Liaison wäre vermutlich ganz von allein wieder zu Ende gegangen. Aber irgendjemand, der es besonders gut mit ihr meinte, muss ihr das gesteckt haben. Sie packte gleich ihre Sachen und zog mit den beiden Kindern, die damals noch sehr klein waren, zu ihren Eltern. Herzog war am Boden zerstört. Leider litt auch seine Arbeit sehr darunter. Als Folge bekam er dann sogar Alkoholprobleme. Einmal erschien er unentschuldigt nicht zu einer Kammersitzung, also einer mündlichen Verhandlung, an der drei Berufsrichter und zwei Ehrenamtliche Richter teilnehmen. Ein Kollege aus einer anderen Kammer musste einspringen, sonst wäre die Sitzung geplatzt, bei der der Kläger und dessen Anwalt extra aus München angereist waren. Herzog gab später an, es sei ihm an dem Morgen nicht gut gegangen, er habe sich wieder ins Bett gelegt und sei dann eingeschlafen, bevor er im Gericht habe Bescheid sagen können. Am nächsten Tag reichte er ein ärztliches Attest nach. Keiner glaubte ihm, dass er wirklich krank gewesen war. Außerdem setzte er wiederholt Urteile nach den mündlichen Verhandlungen nicht rechtzeitig ab. Die müssen nämlich spätestens nach fünf Monaten geschrieben sein, sonst muss die Verhandlung wiederholt werden. Ich meine, mich zu erinnern, dass mehrere seiner Sitzungen noch einmal stattfinden mussten." Macke hielt kurz inne, griff sich das Wasserglas auf dem Abstelltisch neben dem Krankenbett und nahm einen Schluck. Es war ihm anzumerken, dass ihn seine Aussage sehr anstrengte.

„Wollen wir eine kurze Pause machen?" Schlichting wollte den Richter nicht überfordern. Damit wäre niemandem geholfen.

Aber der schüttelte den Kopf: „Es geht schon wieder. Das Wichtige kommt ja erst. Dr. Kaufmann musste als Herzogs Vorsitzender eine Stellungnahme zu dessen Bewerbung schreiben. Sie haben ja schon einiges über ihn gehört. Er schrieb schonungslos auf, was er von seinem Beisitzer in dieser Situation hielt. Der Kollege müsse seine Probleme erst einmal überwinden, bis er der Position eines Vorsitzenden Richters gewachsen sei."

„Aber es gab doch keinen anderen Bewerber", nun konnte Ella sich nicht mehr zurückhalten, „wurde die Stelle dann gar nicht besetzt?"

Macke lehnte sich in seinem Kissen zurück: „Die Stelle wurde einfach noch einmal ausgeschrieben. Man wartete damals, bis die Kollegin, die gerade in der Abordnung war, ihre Zeit dort beendet hatte und sich bewerben konnte. Sie bekam den Posten dann auch." Macke verstummte und schloss die Augen: „Einen kleinen Moment bitte, ich erzähle gleich weiter."

Schlichting stellte das Aufnahmegerät ab. „Jetzt machen wird doch eine kurze Pause." Meine Kollegin und ich gehen einen Kaffee in der Cafeteria trinken. Dann machen wir weiter.

Macke protestierte diesmal nicht und die beiden Kommissare verließen das Krankenzimmer.

„Ein paar Tage vor Kaufmanns Tod war Herzog bei mir", setzte Macke seine Aussage zwanzig Minuten später fort. Er hatte sich wieder gesammelt und sah etwas frischer aus.

„Herzog bat mich tatsächlich, meine Bewerbung auf Kaufmanns Stelle zurückzuziehen. Er wies mich darauf hin, dass etwa in einem Monat eine in der Besoldung gleiche Stelle beim Oberverwaltungsgericht ausgeschrieben werden würde. Er meinte, dass ich die doch auf jeden Fall bekäme. Als ich ihm sagte, dass ich aber lieber Vorsitzender werden wollte, wurde er richtig penetrant. Er erklärte mir, dass man ihm den Posten beim OVG niemals übertragen würde. Das stimmt auch tatsächlich, denn ihm wurde nach seiner Abordnung nur bescheinigt, als Vorsitzender beim Verwaltungsgericht geeignet zu sein, nicht aber als Richter beim Oberverwaltungsgericht. Langer Rede kurzer Sinn, das Gespräch wurde ziemlich unangenehm und ich musste ihn schließlich auffordern, mein Zimmer zu verlassen."

Macke lehnte sich erneut in seinem Bett zurück. Als er merkte, dass Schlichting das Aufnahmegerät ausschalten wollte, hob er die Hand: „Ich bin noch nicht ganz fertig. Der interessante Teil kommt noch."

Schlichting und Ella sahen ihn erwartungsvoll an. „Am Tag meines Unfalls war ich sehr früh im Gericht. Als Präsidialrichter muss ich immer zeitig da sein. Ich glaube, das habe ich Ihnen bereits erzählt. Der Fahrradständer, an dem ich mein Rad anschloss, war noch ganz leer. Gegen Mittag wollte ich zum Essen gehen und vermisste mein Portemonnaie. Ich dachte, dass es noch in der Fahrradtasche sei und ging deshalb in die Tiefgarage. Dort traf ich Herzog. Er kommt auch regelmäßig mit dem Rad ins Gericht. Sein Bike stand auf dem Kopf und der Vorderreifen war abmontiert. Herzog war trotz des Disputs, der nur wenige Tage zurücklag, ausgesprochen freundlich zu mir, so als wäre nichts geschehen. Er erzählte, dass er sich auf der Hinfahrt ins Gericht einen Nagel in den Reifen gefahren habe. Mein Fahrrad war vom Ständer geschoben. Es stand jetzt nicht parallel, sondern sozusagen im 90-Grad-Winkel dazu. Ich kommentierte das nicht, obwohl ich schon damals dachte, dass das doch gar nicht nötig war. Herzog war schließlich nach mir gekommen. Mein Rad konnte ihm also gar nicht im Weg gestanden haben."

„Es ist aber doch möglich, dass er tatsächlich sein Rad reparierte, oder?" Ella versuchte, sich die Szene vorzustellen.

„Ich kann das natürlich nicht ausschließen. Aber Sie müssen wissen, dass oft jemand in die Tiefgarage kommt. Wenn man da etwas an einem Auto oder Rad manipulieren will, muss man schon aufpassen oder sich eben etwas ausdenken, um einen möglichen Zeugen abzulenken."

„Sie meinen also, er hatte die Reparatur seines Rades nur initiiert, um in Wahrheit an ihrem Bike herumzubasteln?" Mackes Nicken zeigte an, dass er Schlichtings Frage bejahen wollte. „Das ist jedenfalls gut möglich."

„Hinzu kommt, dass die Türen in der Tiefgarage immer sehr laut zufallen und einen Besucher rechtzeitig ankündigen. Es wäre also ein Leichtes für Herzog gewesen, sich kurz seinem eigenen Rad zuzuwenden, obwohl er eigentlich mit etwas anderem beschäftigt war. "

24. Kapitel: Paul

„Ist es in Ordnung, wenn ich heute Nachmittag freinehme, ich habe noch einen wichtigen Termin?" Schlichting nickte nur kurz in Susans Richtung und auch Benjamin Lukas und Müller zollten ihrer Frage keinerlei Aufmerksamkeit.

Typisch Männer! Susan und Ella dachten beide das Gleiche. Sie blickten sich über den Besprechungstisch an und lächelten sich zu. Ella war die Einzige, die auf die Frage der Kollegin sofort aufmerksam geworden war und sie dazu noch richtig interpretierte. Die Männer waren ganz mit den Problemen des Falles beschäftigt und konnten deshalb weder nach links noch nach rechts sehen. Natürlich, die Ermittlungen waren wieder an einem brisanten Punkt angelangt. Herzogs Vernehmung stand bevor und das war wichtig. Aber es gab doch trotzdem auch außerhalb des Landeskriminalamtes noch andere Dinge von hohem Interesse!

„Männer können eben nicht gleichzeitig gehen und Kaugummi kauen." Ella lachte, als Susan das Verhalten der männlichen Kollegen nach der Besprechung derart despektierlich beschrieb. „Ich habe schon deinem Blick angesehen, dass du meine Frage nach dem freien Nachmittag richtig ausgelegt hast. Bevor du vor Neugierde platzt: Ja, ich habe wieder ein Date."

„Und? Lass dir nicht alles aus der Nase ziehen. Wer ist es, wie heißt er und was macht er?" Ella hätte sich vor Ungeduld fast am heißen Kaffee in der Cafeteria den Mund verbrannt.

„Also nur so viel: Er heißt Paul, ist Grundschullehrer, 43 Jahre alt, geschieden. Er hat keine Kinder und wir treffen uns heute um 14:00 Uhr in der Kunsthalle. Das Telefonat mit ihm war nett und er sieht auf dem Foto, das er mir geschickt hat, nicht schlecht aus. Mehr kann ich dir erst nach unserem Treffen erzählen."

***

Er kam mit der Bahn. Er besitze kein Auto, erklärte er Susan später. Mit Bus und Bahn komme man überall hin und sei oft schneller als mit dem eigenen Wagen. Paul kam in lockerer Kleidung. Er trug trotz der sommerlichen Wärme eine Cordhose und ein Flanellhemd. Seine besockten Füße steckten in ein paar Sportsandalen. Seine Hose erinnerte Susan an ein sehr ähnliches Beinkleid ihres Vaters. Er zog es immer an, wenn er in seinem Bastelkeller arbeitete und nannte es ‚seine guten alten Manchesterbüxen'. Susan dachte, dass eigentlich nur noch die Taschen an der Seite für den Zollstock fehlten.

Paul erklärte Susan leicht errötend, dass er sie gern einladen würde und bezahlte dann an der Kasse. Susan erhob dagegen keine Einwände. Es ging ja nur um ein paar Euro. In der Ausstellung merkte Susan schnell, dass Paul von Kunst viel mehr verstand als sie. Wenn sie vor einem Bild oder einem anderen Kunstwerk länger stehen blieb, erklärte er ihr leise und unaufdringlich etwas über den Künstler oder die Epoche, ohne dabei belehrend zu wirken. Nein, er habe nicht Kunst studiert. Er sei aber Klassenlehrer einer zweiten Klasse in der Grundschule und unterrichte bei ihnen eigentlich alle relevanten Fächer. Es gebe immer wieder neue interessante Aufgaben. Vor Kurzem habe er in der Projektwoche Einradfahren mit den Kids geübt. Er habe das selbst vorher erst lernen müssen. Die Schüler seien begeistert gewesen. Auch ihm habe das einen Heidenspaß gemacht. Überhaupt gehe er in seinem Job auf. Der sei nicht nur sein Beruf, sondern seine Berufung.

Nach der Ausstellung aßen beide noch im kleinen Café in der Kunsthalle ein Stück Kuchen und tranken eine Tasse Kaffee. Diesmal lud Ella ihren Begleiter ein.

***

Mit den Worten: „Es war wirklich sehr nett", konnte Susan Ellas Neugierde am nächsten Morgen halbwegs befriedigen. „Wir haben uns für das nächste Wochenende an der Außenalster verabredet. Wir wollen sie einmal umrunden und dabei reden."

25. Kapitel: Herzog sagt aus

Es war halb zwei Uhr nachmittags. Herzog war für 14:00 Uhr zur Vernehmung ins Landeskriminalamt geladen. Schlichting und Ella hatten also noch ein bisschen Zeit, um sich darauf vorzubereiten, insbesondere die Fragen untereinander abzustimmen.

Schlichting saß am großen Tisch im Besprechungsraum. Ella ging zur kleinen Anrichte neben dem Fenster, auf dem die Kaffeemaschine stand, um sich eine Tasse einzuschenken. Sie sah aus dem Fenster. „Komm schnell her, aber so, dass man dich von draußen nicht sehen kann!" Ihr Chef ging um den Tisch herum und stellte sich hinter sie. Sein Blick folgte ihrem Finger: „Das nennt man pünktlich!" Der Mann auf dem Fußweg vor dem Gebäude war eindeutig Herzog. Er tigerte an der Eingangstür vorbei bis zur nächsten Ecke, drehte sich um, kam zurück und lief wieder am Eingang vorbei bis zum anderen Ende der Straße. Dort blieb er stehen, zog sein Handy aus der Tasche, sah auf das Display und steckte es wieder ein. Kurz darauf nahm er wieder Fahrt auf und wanderte in die andere Richtung, an deren Ende er erneut sein Handy aus der Tasche zog und darauf blickte.

„Wollen wir schon in den Vernehmungsraum gehen?"

Schlichting schüttelte den Kopf: „Wir haben Zeit. Der kommt nicht vor 14:00 Uhr ins Haus, du wirst es sehen!"

Er sollte wie so oft recht behalten. Genau um 14:00 Uhr betrat Herzog das Gebäude. Ella und der Ermittlungsleiter machten sich erst jetzt auf zum Vernehmungsraum. Es dauerte ein paar Minuten, bis der Richter den Weg und das richtige Zimmer fand. Es war jetzt fast fünf Minuten nach zwei.

„Entschuldigen Sie meine Verspätung!", der Vorgeladene wirkte etwas abgehetzt, als er den Raum betrat. „Meine für heute Vormittag anberaumte Sitzung hat länger gedauert als geplant. Eine

Zeugenvernehmung! Da ist die Dauer schwierig vorauszusehen. Aber wem sage ich das."

Er hatte einen dunkelblauen Anzug an. Dazu trug er ein weißes Hemd und eine weiße Krawatte. Ella wusste noch aus ihrer Praktikumszeit beim Gericht, dass männliche Richter in den mündlichen Verhandlungen in dieser Weise gekleidet sein mussten. Die Richterinnen sollten eigentlich weiße Schals umbinden, begnügten sich aber meist mit einer weißen Bluse. Wollte er mit seinem Outfit seine Bedeutung unterstreichen? Falls er wirklich eine mündliche Verhandlung gehabt haben sollte, hätte er jedenfalls ausreichend Zeit gehabt, sich noch umzuziehen. Während Ellas Praktikumszeit entledigten sich die männlichen Richter ihrer Krawatte fast immer unmittelbar nach der Sitzung, oft schon auf dem Weg in ihr Dienstzimmer. Dieses Ritual war ihr selbst bei Dr. Kaufmann aufgefallen, der eindeutig zu den konservativeren Juristen gehört hatte. Nur die ganz Jungen stolzierten in den ersten Monaten ihrer Amtstätigkeit noch mit zugeknöpfter wehender Robe über dem weißen Hemd samt schneeweißer Krawatte oder sogar Fliege durch die Flure. Fast alle gaben das aber nach wenigen Monaten auf, spätestens wenn ein Kollege oder ein Anwalt sie fragte, ob sie zum Fasching wollten. Die Einstellung, die Kleiderordnung akribisch einzuhalten, verkehrte sich sogar in einigen Fällen nach ein paar Dienstjahren ins Gegenteil. Unter der Robe lugten dann Jeans hervor, die man noch am Vortag bei der Gartenarbeit getragen hatte. Die einst weiße Krawatte nahm mittlerweile ein schmuddeliges Hellgelb an. Den Kauf einer zweiten zum Wechseln sparte man sich. Man sah darin eine gute Möglichkeit, auch in Verhandlungen, in denen ein Streitwert von vielen tausend Euro im Raum stand, seine finanzielle Unabhängigkeit von der Kläger- und Beklagtenseite zu unterstreichen. Bei manchen Richtern konnte man sogar noch Relikte einer früheren Mahlzeit auf dem Schlips erkennen. Um dies zu vermeiden, warfen einige Richter, die während der Verhandlungspause in einer Kantine eine Mittagsmahlzeit einnahmen, ihre noch geknoteten Krawatten über eine Schulter nach hinten. Dieser Anblick hatte Ella während ihrer Praktikumszeit zunächst irritiert, bis sie den Hintergrund verstand und bemerkte, dass die anderen Kantinengänger des Gerichts den Anblick als absolut normal empfanden.

Herzog gehörte zwar vermutlich nicht zu diesen im Laufe der Zeit ins Coole mutierten Exemplaren seiner Zunft, aber er war auch kein Berufsanfänger mehr. Ella überlegte, nach der Vernehmung im Gericht anzurufen und nachzufragen, ob er überhaupt an diesem Tag verhandelt hatte. Sie bezweifelte das.

Schlichting belehrte den Vorgeladenen als Beschuldigten und wies ihn dabei auf sein Aussageverweigerungsrecht hin. Die Frage, ob er als Zeuge oder als Beschuldigter zu vernehmen sei, war in der Kommission ausführlich erörtert worden. Lukas' Anmerkung: „Das muss doch nicht unbedingt sein; wenn er als Zeuge vernommen wird, bekommen wir sicher mehr aus ihm heraus", wäre nach Schlichtings eindeutigen Worten rechtlich fehlerhaft: „Falls es zu einer Anklage und einem Strafprozess gegen ihn kommen sollte, was wir jetzt noch nicht wissen, könnte man sein Geständnis, das er nur bei einer Vernehmung als Zeuge abgelegt hat, nicht verwerten. Das haben wir schon oft genug erlebt. Ich habe das bis jetzt noch nicht kritisiert, aber eigentlich hättet Ihr ihn schon bei seiner letzten Vernehmung entsprechend belehren müssen, als es um sein Treffen mit Steinhagen bei Frau Möller ging." Müller bekam bei dieser verspäteten Kritik des Chefs in der Runde der Kollegen einen roten Kopf, äußerte sich aber nicht weiter dazu. Wenn er Kriminalhauptkommissar werden wollte, sollte er solche Feinheiten bei den Vernehmungen künftig besser beachten; das wusste er.

Herzogs Auftreten entsprach dem eines aufgeregten Zeugen oder Beschuldigten bei seiner ersten Aussage vor der Kriminalpolizei und nicht dem eines souveränen Juristen und stand im scheinbaren Widerspruch zu seiner akkuraten Amtskleidung.

Schon bei der zu Beginn gestellten Frage nach dem Ob und dem

Sinn seines Besuchs bei Macke zuckte es in seinem Gesicht auffällig um einen Mundwinkel. Bei seiner Befragung durch Müller und Lukas über sein Treffen mit dem Anwalt Steinhagen bei Frau Möller hatte er deutlich entspannter gewirkt, obwohl er von den beiden sogar einer Lüge überführt worden war und sich korrigieren musste. Vielleicht lag das an der jetzt ungewohnten Umgebung, vielleicht gab es dafür aber auch einen anderen Grund.

„Es ist praktisch meine letzte Chance, Vorsitzender zu werden. Es kann ewig dauern, bis die nächste Beförderungsstelle beim Verwaltungsgericht frei wird. Die meisten Vorsitzenden sind mittlerweile jünger als ich. Wenn sie pensioniert werden, bin ich längst im Ruhestand. Nur durch einen Todesfall könnte wieder eine Stelle frei werden." Herzog wurde rot. Er hätte seine letzte Bemerkung gern wieder ungeschehen gemacht. Er redete schnell weiter, um die Aufmerksamkeit der Vernehmenden auf etwas anderes zu lenken: „Macke weiß das. Sollte er sich in einem Monat beim Oberverwaltungsgericht bewerben, würde man ihn dort mit Sicherheit nehmen. Das ist ihm klar und er ist für die Arbeit dort auch viel besser geeignet. Trotzdem wollte er seine Bewerbung beim Verwaltungsgericht nicht zurückziehen. Ich bedaure das, akzeptiere es aber. Die Arbeit, in der die Kammer als Spruchkörper entscheidet, also mit drei Berufsrichtern, in einigen Fällen sogar zusätzlich mit zwei Ehrenamtlichen Richtern, geht immer mehr zurück. Die meisten Verhandlungen führen wir als Einzelrichter. Deshalb ist auch die Tätigkeit als Beisitzender Richter für mich an sich befriedigend genug." Herzog hatte sich scheinbar wieder etwas gefangen, machte diesen Eindruck aber zunichte, als er sein Jackett auszog. Eine Wolke aus Schweiß zog über den Vernehmungstisch. Die dunklen Flecken auf Herzogs Hemd unter seinen Achseln ließen keinen Zweifel an der Ursache aufkommen. Ella war sich sicher, dass der Grund hierfür nicht nur der sommerlichen Hitze, sondern vor allem in der Anspannung des Vernommenen zu suchen war. Sie registrierte auch, dass ihr Gegenüber keine Uhr trug.

Deshalb also der wiederholte Blick auf sein Smartphone!

„Stimmt es, dass Dr. Kaufmann Ihnen vor zwei Jahren eine verheerende Beurteilung geschrieben hat?"

„Verheerend würde ich nicht sagen, aber sie war nicht gut. Ich hatte damals eine private Krise, die dann sehr schnell vorbeigegangen ist. Sie wirkte sich sicherlich auch negativ auf die Qualität meiner Arbeit aus. Wir Richter sind eben auch nur Menschen. Dr. Kaufmanns Stellungnahme war eine Momentaufnahme. Kein anderer Vorsitzender hätte mich so heruntergemacht. Aber er … Sie haben sicher schon gehört, wie hart er im Umgang mit seinen Mitmenschen war. Er hat mir damit so etwas wie eine Karriere am Verwaltungsgericht äußerst schwer gemacht."

„Sie haben Ihr Verhältnis zu Dr. Kaufmann bei Ihrer letzten Vernehmung als sehr gut beschrieben. Das hört sich jetzt ganz anders an. Wollen Sie das korrigieren? Ihr Aussageverweigerungsrecht gilt natürlich auch insoweit."

Ella nahm zur Kenntnis, dass Schlichting den Fehler bei der Anhörung Herzogs durch Müller und Lukas wettmachen wollte. Das war wirklich geschickt! Aber es zeigte sich, dass Herzog trotz seiner Aufregung gut vorbereitet war: „Sie zitieren mich da falsch, Herr Kriminalhauptkommissar. Ich habe lediglich erwähnt, dass Dr. Kaufmann ein herausragender Jurist und ein hervorragender Vorsitzender war. Sein persönlicher Umgang mit Kollegen, Anwälten, den Behördenvertretern und Klägern war allerdings kritikwürdig. Viele haben unter ihm gelitten, nicht nur ich."

„Kann man denn bei einer derartigen Schwäche gleichzeitig ein hervorragender Vorsitzender sein?" Ellas Frage war vorher nicht abgesprochen. Ein kurzer Blick auf Schlichting verriet ihr aber, dass er sie an dieser Stelle passend fand. Herzog machte keinerlei Anstalten, sie zu beantworten.

Schlichting setzte die Vernehmung fort: „Sie geben also zu, unter Dr. Kaufmann gelitten zu haben? Das wäre immerhin ein Mo-

tiv, ihn umzubringen. Haben Sie mit seinem Tod etwas zu tun?"
Ella kam sofort in den Sinn, dass diese Frage tatsächlich nur einem Beschuldigten und keinem Zeugen so gestellt werden durfte. Schlichtings Erfahrung würde dem LKA nach seiner Pensionierung sicher fehlen.

Herzog schwieg einen kurzen Moment und er blickte wie ins Leere. Dann holte er tief Luft: „Um mit dem zweiten Punkt zu beginnen: Nein, ich habe nichts mit Dr. Kaufmanns Tod zu tun, gar nichts. Zu Ihrer ersten Frage: Es stimmt, ich habe unter meinem verstorbenen Vorsitzenden gelitten. Wie ich schon sagte, wie viele andere auch. Ich verstehe nicht, wieso Sie zum Beispiel nicht Frau Pottschmidt interviewen. Für sie gab es doch nun viel eher ein Motiv als ich, den Mann aus dem Weg zu räumen. Bei ihr ging es sozusagen um sein oder nicht sein, also um Richter sein oder nicht sein. Kaufmann wollte dafür sorgen, dass sie nicht auf Lebenszeit ernannt wird und das Gericht wieder verlassen muss. Ich bin mir sicher, dass er mit ihr darüber gesprochen hat. Für sie stand viel mehr auf dem Spiel als für mich. Hat Pottschmidts Freundin, Frau Meerbach, nichts in diese Richtung ausgesagt?"

Schlichting und Ella stutzen. Dem Ermittlungsleiter gelang es einigermaßen, sich seine Verblüffung äußerlich nicht anmerken zu lassen. Ella dagegen war die Überraschung ins Gesicht geschrieben. Hatte Frau Meerbach sie angelogen? Hatte sie die Pottschmidt geschützt? Oder wollte Herzog nur von sich ablenken? Als Ella ihn verwirrt ansah, entschied ihr Chef, eine Pause einzulegen. Es wäre nicht gut gewesen, wenn Herzog den Eindruck gewinnen sollte, sie aus dem Konzept gebracht zu haben.

Schlichting setzte sein Pokergesicht auf, nahm das Mikrofon in die Hand und diktierte: „Die Vernehmung wird um 14:45 Uhr unterbrochen." Zu Herzog gewandt erklärte er: „Wir kommen gleich zum nächsten Teil der Vernehmung, so in fünfzehn bis zwanzig Minuten. Möchten Sie noch einen Kaffee oder ein Glas Wasser?"

***

Der Hinweis auf eine angeblich freundschaftliche Beziehung zwischen der Proberichterin Frau Pottschmidt und der Präsidialrichterin Frau Meerbach war eine vollkommen neue Information. Alle waren davon ausgegangen, dass Katrin Meerbach mit offenen Karten mit ihnen spielte. Würde sich das als Irrtum erweisen?

„Die Pause sollte nicht zu lange dauern", erläuterte Schlichting den anderen der Kommission, die sich zu einer spontanen Besprechung zusammenfanden, „aber Herzogs Angaben über seine junge Kollegin und ihre Beziehung zu Frau Meerbach müssen wir natürlich noch einmal überprüfen. Auf der einen Seite ist Angriff aus seiner Sicht vielleicht die beste Verteidigung. Auf der anderen Seite ... wer weiß."

***

Nach der Pause wirkte Herzog deutlich gelassener. Es war ihm ganz offensichtlich nicht entgangen, dass die beiden ihn vernehmenden Kommissare durch seine Aussage über das Verhältnis der Präsidialrichterin zu der Proberichterin zumindest erstaunt waren.

„Es stimmt. Ich habe mein Rad, an dem Tag, als Macke einen Unfall hatte, repariert. Ich hatte mir einen Nagel in den vorderen Reifen gefahren. Es stimmt auch, dass ich Mackes Bike vom Ständer gezogen und im rechten Winkel hingestellt habe. Es stand im Weg. Im Bereich der Fahrradständer in der Tiefgarage ist es sehr eng. Gucken Sie sich das mal an. Für die vielen Fahrräder ist genauso viel Platz vorgesehen wie für einen einzigen Pkw."

Schlichting wollte die Vernehmung schon beenden, als Herzog noch hinzufügte: „Im Übrigen hätte ich Macke durch eine Manipulation der Bremsen an seinem Rad doch kaum als Konkurrenten um Dr. Kaufmanns Stelle ausschalten können. Er hatte sich schließlich schon beworben. Niemand konnte ernsthaft damit rechnen, dass Macke durch nicht funktionierende Fahrradbremsen einen so schlimmen Unfall haben würde. Noch weniger hätte man glauben können, dass er dadurch tödlich verunglücken würde. Und nur sein Tod hätte mir einen Vorteil ihm gegenüber verschaffen können!"

26. Kapitel: Der Präsident

„Frau Meerbach ist im Urlaub, haben Sie sich denn nicht telefonisch bei ihr angemeldet?" Die Sekretärin im Vorzimmer des Präsidenten war nicht unfreundlich, als Ella und Susan bei ihr erschienen und nach der Richterin fragten. Ihre Stimme nahm aber einen etwas arroganten Unterton an.

Was sie vermutete, traf zu. Die beiden waren ohne vorherige telefonische Ankündigung zu einem Besuch im Haus der Gerichte erschienen. Sie waren wie selbstverständlich davon ausgegangen, dass Katrin Meerbach anwesend sein und auch Zeit für sie haben würde. Außerdem waren sie auch ohne ausdrückliche Absprache übereinstimmend der Meinung, dass es besser sei, sich vor ihrem Kommen nicht zu melden. Die Präsidialrichterin sollte die an sie gestellten Fragen spontan beantworten; denn diesmal ging es um ihre persönliche Beziehung sowohl zum Opfer als auch zu der jungen Proberichterin, die von ihrem Kollegen Herzog angeschwärzt worden war.

Bevor die beiden Kriminalbeamtinnen etwas sagen oder fragen konnten, öffnete sich die vorher nur angelehnte Tür zum Nebenzimmer. Beim Eintreten des gutaussehenden Mitvierzigers klappte die Sekretärin wie auf Kommando ihren Mund zu. Seine grau melierten Haare waren kurz geschnitten. Ebenso der farblich dazu passende Dreitagebart. Der Mann war sonnengebräunt und hatte ein strahlendes Lächeln aufgesetzt, das ihm eine gewisse Ähnlichkeit mit Brat Pitt verlieh. Oder sah er doch eher aus wie George Clooney? Er trug eine dünne, verwaschene Jeans und dazu helle Segeltuchschuhe. Unter der Hose lugten gebräunte Fußknöchel hervor. Offensichtlich hatte er keine Socken an. Sein Polohemd war mit dem Logo einer Marke beschriftet, deren Kleidungsstücke nach Ellas Meinung völlig übertuert und jedenfalls für ihren

Geldbeutel unerschwinglich waren. Über seinen Schultern war ein dünner, äußerst schicker Pulli drapiert. Seine Arme breitete er wie einladend aus: „Sie müssen die Damen von der Mordkommission sein!"

Nach ihrer Praktikumszeit musste sich Ella aus dem Vorzimmer die Bestätigung ihrer Anwesenheit im Gericht abholen. Daher wusste sie, dass es direkt zwischen den Räumen des Präsidenten und des Vizepräsidenten lag. Den früheren Präsidenten kannte Ella vom Sehen, einen großen stattlichen Mann mit immer gleichbleibend bitterernster Miene, der unter den Richterkollegen den Spitznamen ‚Atlas' trug. Ihr war damals aufgefallen, dass er zwar von allen Mitarbeitern des Gerichts mit einem freundlichen ‚guten Morgen' oder ‚guten Tag' oder sogar ‚guten Tag Herr Präsident' gegrüßt wurde, wenn er über die Flure wanderte, den Gruß aber niemals erwiderte. Der damals in der Kammer tätige Proberichter erzählte ihr hinter vorgehaltener Hand, der Präsident sei selbst an seinen guten Tagen allenfalls passiv grußfähig.

Der Graumelierte, vermutlich der neue Präsident, zeigte auf den ersten Blick keinerlei Ähnlichkeit mit seinem Vorgänger. Er war vor etwas mehr als zwei Jahren gewählt worden.

„Peter Reibold, ich bin hier nur der Präsident." Ellas Vermutung erwies sich als richtig. Reibolds Lächeln wuchs ins Unermessliche. Ella musste unwillkürlich an Gilderoy Lockhart denken, Harry Potters Lehrer in Hogwarts für die Verteidigung gegen die dunklen Mächte und fünfmaliger Preisträger für das charmanteste Lächeln in der Zeitschrift Hexenwoche.

Ella bemerkte in Susans Gesicht einen Ausdruck, den sie vorher noch nie an ihr wahrgenommen hatte. Sie war vom Lockhart-Double verzaubert.

„Ich bin erschüttert über das, was während meiner Abwesenheit hier passiert ist." Reibold setzte sich auf einen der schwarzen Ledersessel und lud die Kommissarinnen mit einer Handbewegung ein, auf den freien Sesseln Platz zu nehmen: „Ich war auf den Lofoten zum Segeln. Da kann man die Natur noch völlig ungetrübt genießen. Bewusst habe ich dort tagelang keinerlei Verbindung zur Außenwelt gehabt. Endlich einmal ohne Handy! Glücklicherweise kann ich mich zu einhundert Prozent auf meine Kollegen verlassen. Meine Präsidialrichter, Herr Macke und Frau Meerbach, sind hervorragende Mitarbeiter, das haben Sie sicher schon bemerkt. Im Übrigen würde ich für jeden, der hier arbeitet, eine Hand ins Feuer legen, was sage ich, meine beiden Hände. Sie werden sehen, es wird sich alles doch noch als Unfall herausstellen, was tragisch genug ist!"

Ella und Susan waren noch gar nicht zu Wort gekommen, als Reibold auf die Uhr sah, sich erhob und sie aus seinem Zimmer in das Vorzimmer bugsierte: „Leider habe ich gleich eine wichtige Besprechung. Nach einem solchen Urlaub ist mein Terminkalender randvoll, wie Sie sich denken können."

„Wir haben einige wichtige Fragen an Frau Meerbach persönlich, wann kommt sie denn wieder?" Ella wollte wenigstens nicht ohne diese Information das Gericht verlassen. Reibold zuckte mit leicht irritiertem Blick die Schultern. Seine Körpersprache war eindeutig, die Audienz war beendet.

„Haben Sie an Frau Meerbachs Telefonnummer gedacht?", die Stimme der bei Ella und Susans Eintreffen so selbstbewussten Sekretärin klang jetzt fast unterwürfig.

Übergangslos zauberte Reibold erneut ein strahlendes Lächeln in sein Gesicht: „Ich sage ja, ich kann mich auf meine Mitarbeiter verlassen und erst recht auf meine Mitarbeiterinnen." Er warf seiner Sekretärin sein umwerfendes Lächeln zu. „Frau Meerbach hat ihre Handynummer für Sie dagelassen, falls es noch Fragen geben sollte, die nur sie beantworten kann."

***

„Das hätte die Sekretärin uns ja auch gleich sagen können." Ella biss genussvoll in das mit Salami belegte Brötchen: ein kleiner Imbiss für zwischendurch. Sie und Susan saßen an einem kleinen Tisch in der Ecke der Bäckerei, von der aus sie den Vorplatz und den Eingangsbereich des Gerichtsgebäudes gut überblicken konnten.

„Die besten Männer sind leider immer schon vergeben." Ella musste nicht nachfragen, wen Susan meinte.

„Woher weißt du, dass er vergeben ist?"

Anstelle einer Antwort zeigte Susan auf den Ringfinger ihrer rechten Hand.

„Warte doch erst einmal dein nächstes Treffen mit Paul ab. Vielleicht seid ihr ein Paar, bevor ihr die Außenalster umrundet habt." Susans Schweigen auf diese Anmerkung ließ Ella aufhorchen: „Oder seht ihr euch gar nicht mehr?"

Susan nickte kaum merklich mit dem Kopf. Schließlich erklärte sie ihrer Kollegin, dass sie die Verabredung abgesagt habe. Er sei einfach nicht ihr Typ. Die Leute vom Portal hätten zwar geschrieben, dass man jedem Kontakt ein zweites Date zubilligen sollte. Sie bräuchte aber kein zweites Wiedersehen, um zu erkennen, dass es mit ihr und Paul nichts werden könne. Sie wolle ihm keine falschen Hoffnungen machen.

27. Kapitel: Frau Pottschmidt aus dem Rheinland

Der Beschluss der Kommission, die ursprünglichen Ermittlergruppen nicht beizubehalten, sondern sie durch geänderte zu ersetzen, schien außer Kraft getreten zu sein. Denn wieder waren Susan und Ella gemeinsam für die Vernehmung von Anna-Lena Pottschmidt eingeteilt, während das Gespann Müller/Lukas sich noch einmal Alina Gerke vornehmen sollte. Ohne große Diskussion akzeptierten alle Schlichtings dafür sprechenden Argumente. Für die Ermittlergruppe Ella/Susan fiel insbesondere ins Gewicht, dass sie die Proberichterin schon aus ihrer ersten Anhörung kannten und vor allem, dass die Kommissarinnen für die Pottschmidt keine Unbekannten waren. Denn sie sollte sich wegen der anstehenden Anhörung nicht unnötig beunruhigen. Allein Herzogs Aussage war ursächlich dafür, dass sie überhaupt noch einmal vernommen werden sollte, und es sprach doch einiges dafür, dass er mit der gegen seine Kollegin gerichteten Attacke nur von sich selbst hatte ablenken wollen.

Trotzdem sah Ella sich die junge Frau genauer an als bei der ersten Anhörung. Ihr hoher Körperwuchs war ihr schon beim ersten Mal aufgefallen. Erst jetzt bemerkte sie, dass die Proberichterin mit unverkennbar rheinländischem Akzent sprach. Ihr anfänglich erfolgreiches Bemühen, Hochdeutsch zu reden, konnte sie nicht durchhalten, als die Kommissarinnen Fragen zu ihrem persönlichen Verhältnis zu Dr. Kaufmann stellten: „Es stimmt, es hat zwischen mir und Dr. Kaufmann immer mal wieder Probleme gegeben." Sie lachte. „Ich hatte mir die Arbeit hier einfacher vorgestellt. Aber es gab offenbar keinen Proberichter, der keine Probleme mit ihm hatte." Es folgte ein Kichern. „Frau Meerbach zum Beispiel war in der Probezeit auch bei ihm. Damals war er gerade erst Vorsitzender geworden. Sie erzählte mir, dass sie nie wieder an ihrem Arbeitsplatz so gelitten habe wie damals."

Frau Pottschmidt lachte, kicherte und gluckste ständig während ihrer Aussage, was überhaupt nicht zu dem Inhalt des Gesagten passte. Auch ihr kindlich ernsthafter Gesichtsausdruck stand im scheinbaren Widerspruch zu ihren unangebrachten Heiterkeitsausbrüchen.

Ella und Susan blickten sich an. Ella merkte, dass auch ihre Kollegin durch das vermeintlich fröhliche Auftreten der Vernommenen irritiert war. Sie würden darüber später auch mit den anderen der Kommission sprechen müssen.

„Über die anstehende Beurteilung meines Vorsitzenden zu meiner Lebenszeiternennung haben wir kein einziges Mal geredet, hahaha. Es war bekannt, dass er mit den in seiner Kammer tätigen Kollegen nie vorher seine Stellungnahmen besprach, haha hihi, obwohl das eigentlich zu seinen Pflichten gehört hätte."

Anna-Lenas Hals hatte mittlerweile deutliche rote Flecken bekommen, die immer höher zu kriechen schienen. Dieses Phänomen, das häufig bei jüngeren Frauen und manchmal auch bei Männern, vor allem rothaarigen oder hellblonden, zu beobachten war, war Ella seit ihrer Tätigkeit bei der Mordkommission schon mehrfach aufgefallen. Sie konnte allerdings nicht sagen, ob man daraus auch darauf schließen konnte, ob der Betreffende log oder ob er die Wahrheit sagte.

„Es stimmt nicht, dass Dr. Kaufmann meine Lebenszeiternennung verhindern wollte. Ein Gespräch zwischen mir und ihm mit diesem Inhalt hat es nicht gegeben. Ich kann mir auch nicht vorstellen, dass er zu Herrn Herzog so etwas gesagt haben soll."
Die roten Flecken an Anna-Lenas Hals erreichten jetzt ihre untere Wangenpartie. Trotzdem lachte sie auch nach dieser Anmerkung.

Ella verständigte sich kurz mit Susan, die Proberichterin abschließend zu ihrem Verhältnis zur Präsidialrichterin zu befragen: „Sind Sie mit Frau Meerbach befreundet?"

Frau Pottschmidt wurde nun merklich ruhiger. Sie seien keine Freundinnen im eigentlichen Sinne, würden aber regelmäßig zusammen zum Essen gehen oder auch zur Bahn. Sie habe sonst am Gericht nicht so viele Kontakte. Sie sei an sich sehr aufgeschlossen, aber viele der Kollegen und Kolleginnen seien typisch kühle Norddeutsche.

Beim Aufstehen fiel Ellas Blick auf den Schreibtisch der jungen Richterin. Darauf stand doch tatsächlich der gleiche weiße Eisbär mit einem Knopf im Ohr, den sie als Kind von ihrer Großmutter bekommen hatte und der zusammen mit anderen Spielsachen mit Erinnerungswert immer noch auf einem Regal ihres ehemaligen Kinderzimmers im Haus ihrer Eltern stand. Sie zeigte auf das Stofftier: „Denselben habe ich auch. Den hat mir meine Oma zum fünften Geburtstag geschenkt!" Sie reichte Frau Pottschmidt zum Abschied die Hand. Deren vom Hals zum unteren Teil des Gesichts heraufgezogene Röte ergoss sich schlagartig über ihre Wangen. Eigentlich musste sie sich für ihre kindliche Anwandlung doch nicht schämen! Aber so recht passte das Spielzeug natürlich nicht in das Dienstzimmer einer Richterin, dachte Ella.

***

„Das Telefonat mit Frau Meerbach, das ich kurz nach der Vernehmung der Proberichterin mit ihr geführt habe, hat uns auch nicht weitergebracht. Sie hat im Wesentlichen das bestätigt, was die junge Frau Pottschmidt aussagte. Deren Angaben kennt ihr ja. Sie habe Probleme mit Dr. Kaufmann gehabt, wie alle anderen jungen Richter auch. Das wundert mich im Übrigen auch nicht. Ich habe euch ja schon über meine Erfahrungen mit ihm während meines Praktikums informiert." Ella fiel es jetzt viel leichter als am Anfang ihrer Tätigkeit bei der Mordkommission, den anderen offen gegenüberzutreten.

„Und hat sie nun zugegeben, dass sie mit der Proberichterin befreundet ist oder nicht?" Lukas wurde ungeduldig. Er sollte noch über die Vernehmung der Gerke berichten und hoffte, dass Ella schnell fertig werden würde. Regina hatte ihm schon mehrfach eine Sprachnachricht geschickt und gefragt, wann er endlich einkaufen würde. Der Kühlschrank sei mal wieder leer.

Ella ließ sich von Lukas nicht drängen: „Dazu komme ich gleich. Interessant ist, dass Katrin Meerbach als Proberichterin auch in Kaufmanns Kammer war. Das ist schon ein paar Jahre her; er war damals gerade erst Vorsitzender geworden. Sie sagte, das sei ihre schlimmste Zeit beim Gericht gewesen. Deshalb habe sie uns bei ihrer ersten Anhörung auch über die Probleme der Pottschmidt mit ihm nichts gesagt. Sie meinte, dann hätte sie jeden erwähnen müssen, der mit Dr. Kaufmann irgendwann einmal zusammenarbeiten musste."

„Und waren sie nun Freundinnen?" Lukas war jetzt sichtlich genervt. „Lass Ella bitte ausreden, Ihr seid gleich dran!" Schlichting wusste wie immer genau, wann er in eine Besprechung eingreifen musste.

„Beide haben zu ihrer angeblichen Freundschaft dasselbe erzählt. Sie seien zusammen zum Essen gegangen und gemeinsam von der Bahn ins Gericht oder zurückmarschiert. Befreundet sind sie auch nach Meerbachs Angaben nicht. Ich habe keinen Zweifel, dass das stimmt." Ella holte einmal kurz Luft, was Lukas veranlasste, geräuschvoll in den auf dem Tisch vor ihm liegenden Zetteln zu blättern, so als wollte er gleich mit seinem Bericht beginnen.

„Meerbach hat aber noch mehr über die Proberichterin ausgesagt." Schlichting freute sich, dass Ella sich auch jetzt nicht aus dem Konzept bringen ließ. Sie hatte viel dazugelernt. „Die Pottschmidt kommt aus dem Rheinland. Sie spricht einen deutlichen Dialekt, wenn sie nicht darauf achtet. Auf den ersten Blick macht sie den Eindruck einer rheinländischen Frohnatur. Frau Meerbach teilte uns mit, dass sie deshalb von einigen Kollegen gemieden werde, die damit nicht so gut klarkämen. Sie, die Meerbach, habe in Köln studiert. Es sei ihr dort zunächst genauso gegangen wie der Pottschmidt in Hamburg, nur umgekehrt. Die Kölner seien mit ihrem kühlen norddeutschen Temperament nicht zurechtgekommen. Quasi aus Mitleid habe sie sich deshalb ein bisschen um die junge Kollegin gekümmert."

„Möglicherweise fühlt sich Frau Pottschmidt von den anderen Richtern nicht ernst genommen", ergänzte Susan. „Erzähl doch mal von dem Stofftier!"

„Ach ja, auf dem Schreibtisch stand ein Eisbär aus Plüsch. Ich habe sie darauf angesprochen, weil ich als Kind genau den gleichen hatte. Sie wurde dunkelrot. Susan und ich glauben, es war ihr peinlich, dass wir ihre kindlichen Anwandlungen bemerkt haben."

Schlichting nickte: „Zusammengefasst ergibt sich aus den Problemen der Pottschmidt mit ihrem Vorsitzenden also noch kein besonderer Verdacht gegen sie." Er wandte sich an Lukas: „Was habt ihr aus der Gerke herausbekommen?"

„Haltet euch fest! Die ist wieder mit dem Sörensen zusammen!" Lukas Nervosität schien verflogen zu sein. „Sie sagte uns gleich, dass sie gegen ihn keine Strafanzeige stellen wolle." Sein Bericht kam wie aus der Pistole geschossen. Er wollte schnell fertig werden, um endlich seine Einkäufe für zu Hause erledigen zu können.

„Ich habe ihr erklärt, dass Freiheitsberaubung ein Offizialdelikt ist, dass es also auch ohne ihre Strafanzeige verfolgt wird", ergänzte Müller, „aber sie wusste offenbar auch ohne meine Hinweise ziemlich gut Bescheid."

Lukas ergriff wieder das Wort: „Sie erzählte uns, dass sie und Sörensen sich nicht nur versöhnt, sondern sogar verlobt hätten. Sie wolle ihn als Verlobte nicht belasten und nun von ihrem Zeugnisverweigerungsrecht Gebrauch machen."

„Habt ihr sie zu dem Verhältnis Pottschmidt – Kaufmann befragt?", wollte Schlichting ergänzend wissen.

Lukas hatte seine Zettel schon wieder zusammengelegt und Müller antwortete aus dem Stehgreif: „Ja, sie meinte, dass die Pottschmidt eine Heulsuse sei. Sie sei andauernd weinend in die Geschäftsstelle gekommen und habe sich beschwert, dass Kaufmann sie schon wieder kritisiert habe. Die Gerke machte keinen Hehl daraus, dass sie die junge Richterin nicht mochte und sie für oberflächlich hielt. Aber irgendetwas konkret Belastendes hatte sie gegen sie nicht vorzubringen."

28. Kapitel: Schwiegermutter Regina

Die Besprechung dauerte viel länger, als Benjamin Lukas gehofft hatte. Ellas detaillierte Ausführungen während der Beratungen machten ihn manchmal rasend. Konnte sie nicht schneller auf den Punkt kommen? Und wieso griff Schlichting da nicht ein? Sonst beschwerte er sich immer, wenn jemand um den heißen Brei herumredete. Eigentlich war er stets auf Ellas Seite und förderte sie, wo er nur konnte. Es war schon auffällig, dass er sie neuerdings sogar an seiner Seite zu wichtigen Vernehmungen anstelle von Müller mitnahm. Er, Benjamin, war vom Chef bisher noch nie gefragt worden, ob er ihn begleiten wolle. Benjamin war verärgert. Er konnte unmöglich bis 18:00 Uhr zu Hause sein, wie er es seiner Frau und vor allen Dingen seiner Schwiegermutter am Morgen versprochen hatte.

Seine Laune wurde auch nicht besser, als im Supermarkt mal wieder genau die Waren in den Regalen fehlten, die Regina unbedingt haben wollte. Also war er noch in einen anderen Laden gefahren.

Lukas schloss die Wohnungstür leise auf. Vielleicht schlief Svenja gerade. Er wollte sie nicht aufwecken.

Schon im Flur hörte er den schrillen Sopran seiner Schwiegermutter. Ihre Tochter antwortete mit halblauter Stimme. Sie stritten sich! Svenja sollte sich doch nicht aufregen! Ihn wies Regina ständig an, sich seiner Frau gegenüber rücksichtsvoller zu verhalten: „Eine normale Schwangerschaft ist zwar keine Krankheit. Sie ist aber in jedem Fall eine ungeheure Belastung für den weiblichen Körper, den ihr Männer euch mit Sicherheit nicht vorstellen könnt. Die Schwangerschaft deiner Frau verläuft darüber hinaus leider nicht unproblematisch. Sei behutsam mit ihr!"

Neulich hatte sie sich sogar in Sachen Sex eingemischt und ihm Vorschriften gemacht: „Dir ist ja wohl klar, dass du dich da jetzt mal beherrschen musst! Die Gesundheit deiner Frau und deines Babys sind wichtiger. Ich hoffe, dass ich dir das nicht sagen muss."

Warum in aller Welt sagte sie es dann? Es war besser, darauf nicht zu reagieren. Was glaubte sie eigentlich von ihm? Er machte die Haustür leise wieder zu, stellte die Tüten mit den Einkäufen auf den Boden und blieb auf der Stelle stehen. Es ging um ihn. Er war Thema ihres Disputs.

„Er wird ja wenigstens ab und zu einkaufen können, wenn er sich sonst schon um nichts kümmert. Wann hat er das letzte Mal den Staubsauger in die Hand genommen oder seine eigenen Unterhosen in die Waschmaschine gesteckt, kannst du mir das sagen?" Benjamin wusste, dass Regina sich einen anderen Schwiegersohn gewünscht hätte. Einer, der reich war, im Haushalt mithalf und seiner Frau einmal in der Woche einen Blumenstrauß mitbrachte, und deren Mutter natürlich auch. Diesen Vorstellungen genügte er eindeutig nicht. Aber das, was sie jetzt über ihn sagte, war wirklich ungerecht. Wenn er nach Haus kam, war die Wohnung längst gesaugt. Und sie gab ihm keine Chance, die Wäsche zu waschen. Selbst seine Unterhosen legte sie regelmäßig sorgfältig gefaltet in seinen Schrank. Selbstverständlich hätte er sich sonst um die Wäsche gekümmert und natürlich auch die Wohnung gesaugt und gewischt. Er hatte früher immer im Haushalt geholfen oder noch besser gesagt, den gleichen Beitrag im Haushalt geleistet wie Svenja. Deren Stimme klang ein wenig belegt. Sie sprach eindringlich auf ihre Mutter ein. Benjamin konnte nicht alles verstehen. Seine Frau war auf seiner Seite, da war er sich sicher.

Benjamin drehte sich um und ergriff die Klinke der Haustür. Vielleicht wäre es besser, wenn er die Wohnung leise wieder verlassen und in einer halben Stunde zurückkommen würde. Falls Regina die Einkaufstüten sehen würde, könnte er ja behaupten, er hätte noch etwas vergessen und sei deshalb noch einmal losgefahren.

Da stand er nun mucksmäuschenstill im Flur seiner eigenen

Wohnung und traute sich nicht hineinzugehen, aus Angst vor seiner streitsüchtigen, ungerechten Schwiegermutter. Das konnte doch nicht wahr sein! Er war kein Pantoffelheld! Entschlossen ließ er die Klinke wieder los und trat mit selbstbewussten Schritten durch den Flur ins Wohnzimmer.

„Du hast also gelauscht!" Regina, die mit dem Rücken zur Tür vor dem Sofa stand, auf dem Svenja lag, drehte sich jetzt zu Benjamin um.

„Ich habe es nicht nötig, in meiner eigenen Wohnung zu lauschen. Im Übrigen hast du ja so laut geredet, dass wahrscheinlich sogar die Nachbarn jedes Wort verstanden haben. Du hast dich also mal wieder über mich beschwert!"

Zwischen ihm und der Schwiegermutter fielen gar nicht viele Worte. Aber die wenigen hatten es in sich. Keiner von ihnen nahm ein Blatt vor den Mund. Schließlich rauschte Regina an ihm vorbei und verließ den Raum. Sie knallte hinter sich die Wohnzimmertür zu. Dann noch ein Knall. Das war die Tür zum zukünftigen Kinderzimmer, in dem sie einquartiert war. Seit Beginn ihres Streits waren keine fünf Minuten vergangen.

„Ich glaube, sie geht!" Svenja richtete sich zum Sitzen auf und hielt sich den rechten Zeigefinger vor den Mund: „Psst." Tatsächlich waren Geräusche im Flur zu hören. Etwas rollte über den Boden, es klapperte an der Garderobe. Dann klappte die Haustür mit einem deutlich hörbaren Knall zu.

„Sieh nach, ob sie noch da ist!" Benjamin wartete Svenjas Bemerkung gar nicht erst ab. Er lief in den Flur und öffnete die Tür zum künftigen Kinderzimmer. Dann blickte er zur Garderobe. Ihr Koffer war weg und ihr Mantel hing nicht mehr am Haken.

„Schnell, Benjamin, hol sie zurück. Wir sind aufgeschmissen ohne sie!" Er war schon im Hausflur und rannte auf die Straße.

29. Kapitel: Mackes Sohn Julius

Konnte Schlichting Gedanken lesen? Benjamin Lukas saß am Steuer des Zivilfahrzeugs, mit dem er zusammen mit dem Chef zum Präsidialrichter Macke in dessen Haus nach Nienstedten fuhr. Nach den wenig erbaulichen Ereignissen am Vortag erschien es ihm wie Balsam auf seiner Seele, dass Schlichting ihn endlich auch einmal an seiner Seite zu einer wichtigen Vernehmung mitnahm. Der Stress mit seiner Schwiegermutter machte ihn nicht nur verletzlich, sondern er war auch gegenüber denen, die ihm an sich wohlgesonnen waren, ständig auf der Hut. Nachdem er Regina bis auf die Straße hinterhergelaufen war und sie praktisch aus dem Taxi wieder ins Haus gebracht hatte, war es zwischen ihm und ihr zu einer langen Aussprache gekommen. Sie zogen Svenja nicht mit in ihr Gespräch ein. Sie sollte sich nicht aufregen. In diesem Punkt waren er und seine Schwiegermutter sich ausnahmsweise einig. Er musste ihr gegenüber schließlich klein beigeben und alle ihre vorgebrachten Vorwürfe als richtig eingestehen. Er kümmerte sich zu wenig um seine Frau. Es traf zu, dass er seit ihrer Schwangerschaft später nach Hause kam als früher. Er müsste sich mehr im Haushalt und bei der Wäsche einbringen. Er war unordentlich und könnte auch mal aufräumen, bevor er darauf angesprochen würde. Die Liste, der ihm vorgehaltenen Untugenden war schier unerschöpflich. Aber das lange Gespräch mit ihr hatte auch sein Gutes. Nach etwa einer halben Stunde ihres Gemeckers schaltete er einfach auf Durchzug. Er nickte und wiederholte ständig, dass ihm sein Verhalten so leidtue und er sich bessern wolle. Seine Gedanken aber machten sich selbstständig. Ihm war klar geworden, dass sie die Schwiegermutter brauchten, bis das Kind endlich da war. So lange würde er sie aushalten. Dann würde er dafür sorgen, dass sie so schnell wie möglich verschwinden würde. Ihm war aber auch bewusst geworden, dass der Schwiegermutterkonflikt ihn gegenüber anderen ungerecht machte. Ella war eine sehr nette Kollegin, die nicht nur ihre Arbeit gut leistete, sondern sich auch gegenüber den anderen der Kommission ausgesprochen kollegial verhielt. Keiner wollte ihm etwas Böses. Schlichting schätzte ihn und es war Zufall, dass Ella und nicht er oder ein anderer den Chef zu Vernehmungen begleitet hatte.

Als Lukas am Morgen im LKA erschien, wartete Schlichting schon auf ihn. „Gut, dass du so früh kommst. Macke hat angerufen. Er ist wieder zu Hause, aber er ist natürlich noch krankgeschrieben. Er hat uns angeblich etwas sehr Wichtiges mitzuteilen. Wir sollten am besten gleich zu ihm fahren."

Mackes Haus, ein älterer Bungalow aus rotem Backstein, lag in einer sehr ruhigen Straße. Der Vorgarten, in dem ein grauhaariger Mann so um die 70 Unkraut zupfte, sah sehr gepflegt aus. Lukas fragte sich, ob der ältere Herr dort überhaupt noch Unkraut finden konnte. Der Mann erinnerte ihn an seinen Großvater, der, nachdem er in Rente gegangen war, die Gartenarbeiten im Haus seiner Eltern übernommen hatte. Schlichting musste beim Anblick des Mannes an seinen älteren Bruder denken, der etwa im gleichen Alter war. Neben dem Gebäude befand sich ein Anbau, der offenbar nachträglich errichtet worden war. Der Ausblick über den schmalen Weg an der Seite verriet, dass sich das Grundstück auf der Rückseite weitläufig erstreckte. Schon von der Straße aus konnte man erkennen, dass auch dieser Bereich tipptopp in Ordnung gehalten wurde.

Macke öffnete die Haustür, schon bevor sie klingeln mussten. Neben ihm stand ein Junge, dessen Ähnlichkeit mit seinem Vater nicht zu übersehen war. Schlichting schätzte das Kind auf acht Jahre.

Macke lächelte matt und etwas gequält. Als müsste er sich für den Besitz des Hauses und den guten Zustand des Gartens entschuldigen, begrüßte er sie mit den Worten: „Wir haben das Haus nach dem Tod der Mutter meiner Frau von den Schwiegereltern übernommen. Mein Schwiegervater wohnt im Anbau. Er kümmert sich um den Garten." Der ältere Mann hob kurz die Hand, als er sie sah. Seine gutmütigen, hellen Augen verrieten, dass er in seiner Arbeit aufgig. „Heinrich, mach mal bald Pause. Eine Partie Schach um 15:00 Uhr?" Mackes Gesichtsausdruck deutete auf ein ungetrübtes Verhältnis zu seinem Schwiegervater hin. Der nickte kurz: „Gern! Bei mir! Bring mal deinen Sherry mit." So konnte es also auch gehen, dachte Benjamin. Aber natürlich waren die räumlichen Verhältnisse hier wesentlich günstiger als in seiner Wohnung.

Auf dem Weg ins Wohnzimmer legte Macke eine Hand auf die Schulter seines Sohnes. Offenbar sollte der bei dem Gespräch dabei sein! Schlichting registrierte, dass das Kind angespannt wirkte.

„Dann erzähl mal Julius!" Schlichtings Eindruck erwies sich als richtig.

Der Junge setzte sich auf die vordere Kante eines Esstischstuhls: „Papa und ich haben mein Fahrrad repariert. Die Bremsen waren kaputt. Er hat mir gezeigt, wie man sie wieder anbaut. Ich wollte Papas Rad auch reparieren. Ich habe das dann aber falsch gemacht!"

Lukas sah Schlichting verwirrt an. Der schien begriffen zu haben, was der Junge sagen wollte.

„Habe ich das richtig verstanden?" Schlichting wandte sich an Macke. „Am Abend vor ihrem Unfall hat ihr Sohn aus Versehen die Schrauben an den Bremsen ihres Fahrrades in die verkehrte Richtung gedreht?"

Macke nickte: „Genau. Auf die Idee bin ich natürlich nicht gekommen. Am Abend vor meinem Unfall habe ich zusammen mit Julius sein Fahrrad überholt. Dabei habe ich ihm gezeigt, wie man die Bremsen richtig festdreht. Er war mit Feuereifer dabei und hat geholfen. Als wir fertig waren, machte er sich dann heimlich an meinem Fahrrad zu schaffen. Ich wusste natürlich nichts davon.

Er muss die Schrauben versehentlich in die falsche Richtung gedreht haben. Er hat immer noch ein Problem, rechts und links zu unterscheiden. Für die Hinfahrt zum Gericht hielten die Schrauben noch. Sie lockerten sich aber während der Fahrt ganz offenbar immer mehr. Auf der Rückfahrt waren sie dann so lose, dass die Bremsdrähte vollständig heraussprangen."

Julius Gesicht hatte sich bei den Worten seines Vaters immer mehr verzogen. Jetzt kullerten die Tränen: „Ich wollte meinem Papa helfen, es sollte eine Überraschung sein."

Die war es dann ja auch, dachte Schlichting, vermied es aber, diesen Satz auch auszusprechen. „Ich glaube, wir brauchen den Julius jetzt nicht mehr," sagte er stattdessen an Macke gewandt.

Macke nahm seinen Sohn in den Arm: „Du kannst Opa ja noch im Garten helfen. Er wartete, bis sein Sohn das Zimmer verließ:

„Meinem Schwiegervater war aufgefallen, dass sein Enkel so bedrückt war, nachdem der Unfall passiert war. Meine Frau dachte, dass er sich um mich Sorgen machen würde. Schließlich vertraute er sich dem Opa an und erzählte ihm, dass er sich an meinem Rad zu schaffen gemacht hat."

„Dann gibt es offenbar keinen versuchten Mordfall Macke", fasste Schlichting zusammen. „Als Täter für den mutmaßlichen Mord an Dr. Kaufmann sehe ich den Kollegen aber auch nicht", ergänzte Macke, „ich habe übrigens meine Bewerbung auf die Vorsitzendenstelle beim Verwaltungsgericht zurückgenommen. Die Stelle beim Oberverwaltungsgericht wurde jetzt ausgeschrieben und ich habe mich beworben. Ich gehe davon aus, dass ich dort genommen werde. Kollege Herzog hatte schon recht, die Tätigkeit dort liegt mir viel mehr."

30. Kapitel: Steinhagen kommt zurück

„Ich habe die Beratung so kurzfristig einberufen, weil es Neues über Steinhagen zu berichten gibt. Torben Stadtler kennt ihr ja alle. Von ihm bzw. der Abteilung Wirtschaftskriminalität kommt die Information. Er erzählt es euch am besten selbst." Schlichting nickte Torben zu, der schon am Tisch im Besprechungsraum saß. Susan, Ella, Müller und Lukas nahmen ebenfalls Platz. Dass die Neuigkeiten ihnen bei der Lösung ihres Falles nicht unbedingt weiterhelfen würden, konnten sie bereits Schlichtings Gesichtsausdruck entnehmen. Der zog die Augenbrauen zusammen und blickte starr vor sich hin.

Torbens Bericht gestaltete sich etwas umständlich. Es ging darin um die Verdachtsfälle gegen Steinhagen und wie sie sich in der Abteilung Wirtschaftskriminalität entwickelten. Er nannte die Namen verschiedener Mandanten des Anwalts, die Beträge, die sie angeblich von ihm bekommen sollten, wer gegen ihn Anzeige erstatten wollte und wer nicht und die Beweggründe der einen bzw. die anderen zu ihrer Vorgehensweise. Ella und Müller blickten sich kurz an. Der Kollege kam einfach nicht zur Sache. Warum mussten sie sich das anhören? Was hatte das alles mit ihrem Mordfall zu tun?

Lukas sah mehrfach verstohlen auf die Uhr. Torbens eintöniger Vortrag, der mit Zahlen und Fakten gespickt war, für deren Verständnis zumindest Kenntnisse betriebswirtschaftlicher Grundzüge erforderlich waren, nervte ihn. Er musste noch zum Einkaufen fahren und wollte möglichst nicht wieder so spät nach Hause kommen. Eigentlich sollte seine Schwiegermutter ihm telefonisch mitteilen, was zu besorgen war. Als ihr Anruf ausblieb, hatte Benjamin vor der Besprechung zu Hause angerufen, aber es ging niemand ans Telefon. Bei ihm meckerte sie über jede Kleinigkeit, aber sie selbst hielt sich einfach nicht an ihre Vereinbarungen. Nun lag dummerweise auch noch sein Handy auf seinem Schreibtisch. Also würde Regina wieder Gelegenheit haben, sich über ihn zu beschweren, wenn sie vergeblich versuchte, ihn zu erreichen. Wahrscheinlich war Svenja eingeschlafen und ihre Mutter hatte sie nicht aufwecken wollen und deshalb bei seinem Anruf den Hörer nicht abgenommen.

Svenja war jetzt in der 32. Schwangerschaftswoche und musste immer noch ständig liegen. In den letzten Tagen verspürte sie häufiger ein Ziehen im Bauch. Deshalb war Lukas auf ihr Drängen hin noch am Tag zuvor mit ihr zu einer außerplanmäßigen Kontrolle zum Frauenarzt gefahren. Der versicherte ihnen, dass kein Grund zu Sorge bestünde. Das Bauchziehen sei normal. Das Baby werde größer, die Bänder am Bauch der Schwangeren dehnten sich und dies verursache die leichten Bauchschmerzen.

Schlichting hätte sich auch gewünscht, dass der Kollege sich bei seinem Vortrag auf die für die Mordkommission wesentlichen Informationen beschränken würde. Er wollte aber nicht in seinen Bericht eingreifen oder ihn gar drängen, endlich zu der für sie entscheidenden Information zu kommen. Denn Stadtler gehörte schließlich nicht in seine Abteilung und nahm sich extra für sie Zeit. Susan war die Einzige in der Runde, die an den Lippen des Vortragenden zu hängen schien.

Die entscheidende Passage, die Torben im selben scheinbar emotionslosen Ton vortrug wie den Rest, hätten die anderen Anwesenden fast nicht mitbekommen: „Der Verdacht gegen Steinhagen hat sich leider nur in Bezug auf die veruntreuten 400.000 Euro bestätigt. Alle weiteren Fälle sind im Sande verlaufen. Steinhagen hat vor ein paar Tagen von Chile aus mit dem zuständigen Staatsanwalt hier in Hamburg telefoniert. Von dem haben wir die Information, dass der Anwalt die 400.000 Euro zurückzahlen will. Der Staatsanwalt hat ihm zugesagt, dass er die Aufhebung des Haftbefehls beantragen wird, sobald das Geld bei der Firma gelandet ist. Dann will Steinhagen nach Hamburg zurückkommen. Wie wir gehört haben, ist der Betrag mittlerweile schon auf dem Konto der Firma eingegangen."

„Versteh ich dich richtig, dass ihr euch damit nicht mehr um Steinhagens Auslieferung bemühen wollt?" Schlichting griff nun doch in Torbens Vortrag ein. Der nickte nur.

Nun kam Bewegung in die Runde. „Letzten Endes entscheidet doch aber der zuständige Richter, ob er den Haftbefehl aufheben will und nicht der Staatsanwalt", wandte Ella ein. „Das ist richtig, aber sofern noch keine Anklage erhoben worden ist, muss er den Haftbefehl aufheben, wenn die Staatsanwaltschaft das beantragt. Das steht im Paragrafen 120 Absatz 3 der Strafprozessordnung." Ellas Bemerkung gab Müller endlich Gelegenheit, den anderen sein Wissen und damit auch seine Fähigkeiten als Vorgesetzter zu beweisen.

Schlichting nickte ihm zu, als plötzlich das Telefon klingelte. Da nur wichtige Anrufe bei einer Beratung weitergeleitet wurden, ging er an den Apparat und meldete sich. Sein Gesicht nahm kurzfristig einen erstaunten Eindruck an. Dann wandte er sich an Benjamin Lukas: „Für dich, jemand aus der Entbindungsklinik."

Benjamin wurde blass um die Nase, erhob sich, ging um den Tisch herum und nahm den Hörer in die Hand: „Benjamin Lukas." Alle Anwesenden könnten vernehmen, dass auf der anderen Seite der Leitung eine Frau mit hoher Stimme aufgeregt redete. Aber keiner von ihnen war in der Lage, schnell genug zu reagieren. Lukas ließ ohne Vorankündigung den Hörer fallen und sackte in den Knien leicht zusammen. Er fiel jedoch nicht nach vorn, sondern der Schwerpunkt seines Körpers zog seinen Oberkörper in die Rücklage und Benjamin schlug mit einem deutlichen hörbaren Aufprall mit dem Kopf auf den gefliesten Boden des Besprechungsraums.

***

„Jetzt haben wir schon wieder einen halben Tag in den Sand gesetzt. Erst müssen wir uns stundenlang einen überflüssigen Vortrag anhören und dann kippt auch noch einer aus den Latschen!" Müllers Bemerkung war mal wieder typisch für ihn. Susan und Ella äußerten sich dazu lieber nicht. Es war doch klar, dass die Sorge um Benjamin Vorrang vor der Arbeit an ihrem Mordfall haben musste. Außerdem war Müller keineswegs tatenlos geblieben. Es schien ihm aber wichtig zu sein, vor den anderen den Harten zu mimen.

Sie betraten erneut den Besprechungsraum. Schlichting saß schon am Tisch und kritzelte etwas auf einen vor ihm liegenden Zettel.

„Entschuldigt, ich war mit meiner Abschiedsfeier beschäftigt, das ist ja nicht mehr lange hin. Ich wollte einige Kollegen, darunter natürlich auch euch, in ein Restaurant einladen, was meint ihr?" Schlichting schob den Zettel auf die andere Seite des Tischs, an der die Kollegen Platz genommen hatten.

„Wie viele Leute sollen es denn werden?" Müller studierte intensiv den Zettel, auf dem der Ermittlungsleiter eine Reihe von Restaurants notiert hatte.

„So dreißig bis vierzig! Eure Begeisterung scheint sich ja im Rahmen zu halten." Schlichting sah etwas enttäuscht aus. „Das sind alles gute Restaurants. Da müsst ihr nicht Buletten mit Kartoffelpüree und Möhren für 5,95 Euro essen!"

„Genau deshalb sind wir so wenig begeistert. Stattdessen steht da auf der Karte: Unsere Empfehlung, Fleischlaibchen vom heimischen Rind mit Kartoffelstampf an gedünsteten Biomöhren für … dadada … 17,80 Euro." Diesmal stimmten Susan und Ella ihrem Kollegen Müller zu. „Und richtig unterhalten kann man sich da auch nicht", ergänzte Susan, „ehrlich Chef, mach doch lieber halbe Brötchen oder Schnittchen. Im großen Besprechungsraum ist genug Platz für vierzig Personen!"

„Wie wäre es, wenn wir für dich den Ausstand planen, sozusagen als Abschiedsgeschenk!" Manchmal überraschte Müller die anderen doch noch. „Ich rufe deine Frau an, die bestimmt gern mitmacht. Dann kannst du dir sicher sein, dass nichts aus dem Ruder läuft."

Schlichtings Gesicht klarte sich auf. Eine solche Feier wäre auch eher in seinem Sinne. Wenn seine Frau bei den Vorbereitungen und Planungen dabei wäre, müsste er auch nicht befürchten, dass seine Kollegen ihm einen Tanzkurs zum Abschied schenkten wie Frank Petersen, der vor einem halben Jahr in Pension gegangen war und von dem alle wussten, dass er nicht nur zwei linke Hände, sondern auch zwei linke Füße besaß. „Aber den Sekt steuere ich bei. Der muss ja nicht unbedingt aus dem Sonderangebot von Aldi sein wie bei der letzten Weihnachtsfeier!

Aber nun lasst uns weitermachen! Wie wollen wir im verbliebenen Fall des Toten im Haus der Gerichte weiter vorgehen?"

31. Kapitel: Ein Teddy für das Baby

Der Teddybär für Babys saß mitten auf dem großen Tisch im Besprechungsraum neben einer Glückwunschkarte zur Geburt eines Kindes. Auf dem gefalteten, hellblauen Blatt Papier standen bereits Susans und Ellas Namen. Die Unterschriften von Müller und Schlichting fehlten noch.

Susan war die Aufgabe übertragen worden, Benjamin Lukas und seiner Frau ein Geschenk der Mordkommission zur Geburt des gemeinsamen Sohnes zu kaufen. Susan sei schließlich Mutter und deshalb mehr als die anderen geeignet, ein Präsent für ein Baby zu besorgen. Das war eigentlich ein schwaches Argument, denn zum einen waren Susans Sprösslinge schon im Teenageralter, zum anderen hatten sowohl Müller als auch Schlichting selber Kinder. Vermutlich steckte dahinter einfach nur der immer noch in den Köpfen vieler Menschen eingenistete Gedanke, solche Aufgaben passten besser in die Geschlechterrolle einer Frau. Susan, die an sich großen Wert auf ihre Emanzipation legte, sträubte sich aber nicht, diese Aufgabe zu übernehmen. Der Junge solle Julius heißen, hatte Benjamin ihnen stolz am Telefon erzählt. Bei Mackes Vernehmung war dessen Sohn Julius anwesend gewesen und dem jungen Vater hatte der Name gleich besonders gut gefallen. Seine Frau Svenja konnte sich mit diesem Vornamen für ihr Baby auch schnell anfreunden. Die ständige Anwesenheit ihrer Mutter bzw. seiner Schwiegermutter in den letzten Wochen vor der Geburt hatte eine Diskussion unter den werdenden Eltern über das Thema ‚wie wollen wir unser Kind nennen' im Keim ersticken lassen. Svenja und Benjamin waren sich darüber einig, dass sie über den Namen nicht mit Regina diskutieren wollten. Das führte allerdings dazu, dass Svenja die Frage der Hebamme nach der Geburt „Und wie soll der Kleine heißen?" nicht beantworten konnte. Die

Hebamme ließ aber keine peinliche Situation aufkommen und erklärte: „Ich schreibe erst einmal ‚Lukas' auf sein Armband. Dass das sein Nachname ist, merkt erst einmal keiner. Den Vornamen fügen wir hinzu, sobald Sie und Ihr Mann sich geeinigt haben." Das Kind war ein Frühchen, gerade mal 43 cm lang und nicht einmal 2000 g schwer. Aber Benjamin versicherte, dass an ihm alles dran sei.

„Wann kann Benjamin endlich seine Frau und sein Kind mit nach Hause nehmen?" Ella hatte sich mit Geburten von Frühchen bisher noch nicht beschäftigt. „Die junge Mutter muss nur ein paar Tage in der Klinik bleiben. Ab er es dauert sicher noch zwei bis drei Wochen, bis sie den Kleinen mitnehmen dürfen. Der Papa hat schon jetzt Elternzeit genommen, damit er seine Frau beim täglichen Besuch in der Klinik begleiten kann", wusste Susan zu berichten.

Nach Benjamins Ohnmachtsanfall waren die anwesenden Kollegen zunächst sehr besorgt um ihn. Ella befürchtete sofort, dass etwas mit dem ungeborenen Kind schiefgelaufen sein musste. Aber Schlichting berichtete freimütig, dass er bei der Geburt seines älteren Sohnes ebenfalls umgekippt sei. „Aber du warst bei deiner Frau im Kreißsaal und hast nicht nur am Telefon von der Entbindung erfahren", lautete Müllers zynische Anmerkung dazu. Benjamin Lukas trug durch das Aufschlagen mit dem Kopf auf den harten Boden eine ordentliche Beule davon. Mehr war ihm aber nicht passiert. Die Anwesenheit der ungeliebten Schwiegermutter erwies sich am Ende als glücklicher Umstand. Sie rief ohne zu zögern die Klinik an und begleitete ihre Tochter mit einem Taxi dorthin, nachdem auf dem Sofa, auf dem diese tagsüber gelegen hatte, plötzlich ein dunkler, feuchter Fleck sichtbar geworden war. Die Fruchtblase war geplatzt. Auch während der Geburt erwies sie sich als hilfreich und ließ ihre Tochter nicht allein. Selbst den Vornamen des Kindes akzeptierte sie ohne Wenn und Aber: „Ein sehr schöner Name. Habt ihr gut ausgesucht!"

***

Schlichting und Müller waren vor zwei Stunden zum zuständigen Staatsanwalt ‚Leichen-Eriks' gefahren, um die Ermittlungsergebnisse im Tötungsdelikt Dr. Kaufmann mit ihm zu besprechen. Sinnvolle Ansätze für weitere Untersuchungen konnte die Kommission nach ihrer letzten ausführlichen Beratung nicht erkennen. Der Fall musste endlich abgeschlossen werden.

„Wie wir uns schon gedacht haben, reichen die Ergebnisse der Ermittlungen auch nach Eriks Ansicht nicht für eine Anklage", fasste Schlichting nach ihrer Rückkehr ins LKA das Gespräch mit dem Staatsanwalt zusammen. „Gegen Sörensen bestehen noch die meisten konkreten Verdachtsmomente. Aber seine Aussage erschien auch dem Staatsanwalt glaubhaft zu sein. Der Wachtmeister hat sich selbst nach seiner unschönen Aktion in der Geschäftsstelle des Verwaltungsgerichts wieder gefasst und sich sogar mit Frau Gerke ausgesöhnt."

„Der zunächst gegen Frau Bader-Kaufmann bestehende Verdacht konnte nicht erhärtet werden", ergänzte Müller, „tja, und dem Steinhagen können wir die Tötung seines ungeliebten früheren Freundes leider auch nicht nachweisen."

Schlichting ließ sich von Müller die Zusammenfassung nicht ganz aus der Hand nehmen: „Dasselbe gilt für Herzog. Der Verdacht gegen ihn beruhte vor allem auf der Vermutung, dass Mackes Unfall von jemandem absichtlich herbeigeführt wurde, und darauf, dass er bei seiner ersten Vernehmung zunächst falsche Angaben gemacht hatte, die er wieder korrigieren musste. Sein Zusammentreffen mit Steinhagen in der Kneipe ‚Frau Möller' genügt allein nicht, um ihm die Tötung seines früheren Vorsitzenden etwa in Mittäterschaft mit dem Rechtsanwalt nachzuweisen. Der Umstand, dass der Anwalt ihm ein Glas Wein ausgab, reicht nicht einmal für eine Anklage wegen Vorteilsannahme.

Dann haben wir noch die junge Frau Pottschmidt. Bei ihr gab es Probleme mit ihrem Vorsitzenden, davon können wir ausgehen. Aber da war sie nicht die Einzige im Haus der Gerichte. Herzog hat zwar erwähnt, dass Dr. Kaufmann ihre Entlassung aus dem Dienst vorschlagen wollte. Aber wir wissen nicht einmal, ob das zutrifft. Denn Herzog war sicher viel daran gelegen, von sich selbst abzulenken. Möglicherweise ließ er sich von dem Motto ‚Angriff ist die beste Verteidigung' inspirieren.

Wenn wir alles zusammen betrachten, müssen wir leider feststellen, dass wir gegen keinen der Verdächtigen ausreichende Beweise in der Hand haben, die zu einer Anklage führen könnten. Die rausgerissene Telefonschnur, die Wespe im verschlossenen Sitzkissen und last not least die gebrauchten Adrenalin-Pens und die fehlenden Plastikhüllen sprechen zwar für die Tat eines Dritten. Aber vielleicht hat Eriks ja recht, wenn er meint, dass wir uns in diesem Punkt immer zu wenig hinterfragt haben. Letzten Endes können wir nicht ausschließen, dass das alles nur Zufälle waren. Die Telefonschnur kann irgendein Dritter zwischen 17:00 Uhr des Vortages und dem Morgen vor Dr. Kaufmanns Eintreffen im Gericht an seinem Todestag versehentlich herausgerissen haben. Wie wir wissen, konnte jeder Mitarbeiter des Gerichts mit seinem Schlüssel dessen Zimmer betreten. Die Wespe kann zu irgendeinem Zeitpunkt in die unverschlossene Kissenhülle gekrabbelt sein, die Kaufmann dann – ohne den Inhalt zu erahnen – selbst geschlossen haben könnte. Letzten Endes ist auch nicht auszuschließen, dass Dr. Kaufmann selbst die Adrenalin-Pens einen oder zwei Tage zuvor benutzte und sie nur nicht wieder erneuerte." Schlichtings blickte in die betroffenen Gesichter seiner Kollegen.

Susan folgte seiner Einschätzung: „In diesem Zusammenhang möchte ich auch noch einmal darauf hinweisen, was Torben mir und Ella dazu erzählt hat. Er ist ja ebenfalls Allergiker und im Besitz eines solchen Notfallsets. Die Spritzen können nur ausgelöst werden, wenn sie an einen Körperteil oder an einen relativ festen Gegenstand gedrückt werden, in den sie eindringen können. In Kaufmanns Zimmer dürfte es keine derartigen Gegenstände gegeben haben. Die nicht gepolsterten Möbel dort wären schon deswegen nicht geeignet, weil die Spritzen dort nicht eindringen könnten. In ein weiches Kissen oder anderen weichen Gegenstand wie zum Beispiel so einen Babyteddy", Susan deutete auf das Geschenk für Lukas' Sohn, „könnte zwar an sich eine Spritze eindringen, er dürfte für die Adrenalinpens aber wohl nicht fest genug sein." Keiner widersprach ihr.

Wie auf ein Zeichen klopfte es und Torben Stadtler öffnete die Tür zum Besprechungsraum und steckte seinen Kopf hinein: „Oh, Entschuldigung, ich dachte, ihr seid längst fertig. Ich wollte zu Susan."

Schlichting nickte den anderen zu: „Ich denke, wir haben auch nichts mehr zu bereden, es sei denn, einer von euch hat noch etwas Wichtiges anzumerken." Keiner meldete sich zu Wort.

„Das sollte offenbar nicht klappen mit der Lösung des letzten Falles vor meiner Pensionierung. Ich bin immer noch davon überzeugt, dass jemand Dr. Kaufmann absichtlich aus dem Weg geräumt hat. Vermutlich sind wir dieser Person sogar schon begegnet. Aber solange wir keine Beweise gegen sie haben ... Da kann man leider nichts machen." Schlichting verzog bedauernd das Gesicht.

Ella und Müller waren im Raum geblieben, nachdem Susan sich schnell verabschiedet hatte. „Denk mal an die amerikanischen Krimis. Da werden fast alle Helden, die den letzten Fall vor Eintritt in ihren Ruhestand zu bearbeiten haben, kurz vor der Aufklärung umgebracht. Da ist es doch besser, der letzte Fall bleibt unaufgeklärt." Müller grinste seinen Noch-Chef an.

Ella konnte sich nicht entschließen, das Zimmer zu verlassen und damit quasi den Abschluss des Falles zu besiegeln. Sie empfand, wie wahrscheinlich auch der Ermittlungsleiter, dass sie etwas übersehen hatten, aber was? Sie ging zur Anrichte neben dem Fenster, auf dem die Kaffeemaschine stand, um sich noch eine

Tasse einzuschenken. Von dieser Position aus hatten sie Herzog vor seiner Vernehmung beobachtet. Auch jetzt konnte sie den Fußweg und die Straße gut überblicken. Susan und Torben, unterwegs in Richtung auf die Polizeiakademie, waren schon fast ihrem Sichtfeld entschwunden. Plötzlich legte Torben seinen Arm um die Schulter seiner Begleiterin. Beide blieben stehen und küssten sich.

32. Kapitel: Die Pottschmidt und der Eisbär

„Meerbach, Verwaltungsgericht Hamburg", die Präsidialrichterin versuchte, sich ihre Überraschung nicht anmerken zu lassen, als die Kripobeamtin Ella Sturm vom Landeskriminalamt in der Leitung war, um ihr noch einige Fragen zu stellen. Im Gericht gingen die meisten davon aus, dass die Ermittlungen im Mordfall Dr. Kaufmann beendet waren und das Verfahren eingestellt werden sollte, weil sein Tod als Folge eines Unfalls eingetreten war. Jedenfalls hatte der Präsident ihr dies nach ihrer Rückkehr aus dem Urlaub so berichtet, als sei es schon beschlossene Sache. Auch von anderer Seite aus dem Haus wurde gemunkelt, alles sei nur ein Sturm im Wasserglas gewesen. Allerdings wusste sie aus ihrer Arbeit in der Präsidialabteilung, dass man die Angaben des Präsidenten stets noch einmal auf ihren Wahrheitsgehalt hin überprüfen musste. Auch sollte man nicht alles essen, was in der Gerüchteküche gekocht worden war.

Aber Ellas Frage nach dem Stoffeisbären in Anna-Lena Pottschmidts Zimmer empfand sie dann doch als äußerst merkwürdig: „Ich erinnere mich noch, am Abend vor meinem Urlaub sind wir abends gemeinsam zum Bahnhof gegangen. Es war an diesem Tag sehr spät, schon nach 20:00 Uhr. Sonst bleibe ich wegen meiner Kinder nicht so lange im Dienst. Es war aber noch einiges zu erledigen. Als ich Frau Pottschmidt aus ihrem Zimmer abholte, stand das Stofftier auf ihrem Tisch. Da habe ich es das erste Mal gesehen. Ich dachte noch, dass sie es eventuell von ihrem neuen Freund bekommen haben könnte und habe deswegen nicht nachgefragt, um sie nicht zu verunsichern. Seit einigen Tagen steht der Bär aber nicht mehr dort. Als ich Frau Pottschmidt neulich im Zimmer aufsuchte, stand ihre Schranktür offen und das Spielzeug lag unten in einer Ecke. Vielleicht hatte der unbekannte Freund, der es ihr geschenkt hatte, mir ihr Schluss gemacht." Ella bedankte sich.

***

Der Gedanke an den Stoffeisbären war Ella gekommen, als Susan im Zusammenhang mit den Adrenalinpens den Babyteddy für Benjamin Lukas' kleinen Jungen erwähnte. Der Eisbär war nicht so weich wie der kleine Teddy, das wusste Ella von ihrem eigenen Plüschtier aus ihrer Kindheit. Als kleines Mädchen entfernte sie ihn oft aus ihrem Bett, weil man nicht wirklich damit kuscheln konnte. Der Bär störte sie damals, anders als ihre anderen Stofftiere, oft beim Schlafen, denn er war sehr fest und drückte sie ständig irgendwo. Nur wenn die Oma zu Besuch da war, bekam er einen Platz an ihrem Fußende.

„Einen Haftbefehl gegen Frau Pottschmidt bekommen wir sicher nicht, nur weil ein Stoffeisbär auf ihrem Tisch stand." Schlichting lachte. „Wir wollen die Akten noch heute zur Staatsanwaltschaft bringen. Aber wir können noch so lange warten, bis du vom Gericht zurück bist. Frag die Pottschmidt, ob sie ihren Vorsitzenden mit dem Stofftier erschlagen hat", er zwinkerte ihr zu, „aber das musst du jetzt alleine erledigen. Und beeile dich, wir wollen die Sache endlich hinter uns bringen."

Ella war schon aus dem Zimmer. Frau Pottschmidt meldete sich sofort am Telefon. „Ja, Sie können in einer Stunde vorbeikommen, worum geht es denn?"

Die Proberichterin in der Leitung machte jetzt einen souveränen Eindruck. Sie schien Ella abzunehmen, dass sie zur Abrundung der Ermittlungsergebnisse in den Akten nur noch ein paar Fragen klären wollte.

***

„Ich weiß auch nicht, warum die Kripo dich noch einmal anhören will, Anna-Lena. Ich habe eigentlich gedacht, dass die Polizei mittlerweile von einem Unfall ausgeht. Vorhin hat die junge blonde Kommissarin mich angerufen und irgendetwas von dem Eisbären auf deinem Tisch gefragt. Ich habe ehrlich gesagt nicht verstanden, was das mit dem Tod von Dr. Kaufmann zu tun haben könnte. Ich habe ihr gesagt, dass ich das Spielzeug am Tag vor meinem Urlaub das erste Mal auf deinem Tisch gesehen habe und dass es dann später in deinem Schrank lag", sie sah Anna-Lena Pottschmidt an. „Ich dachte, du wüsstest wahrscheinlich, worum es geht."

Katrin Meerbach stand in der kleinen Teeküche, um sich einen Kaffee aus der Gemeinschaftskaffeemaschine zu holen, als Anna-Lena Pottschmidt mit dem gleichen Anliegen dort erschien. Merkwürdig, dass die Kripobeamtin die junge Kollegin nicht auch am Telefon auf den Bären angesprochen hatte, dachte Katrin Meerbach, als sie wieder in ihrem Zimmer war. Hätte sie ihrer jungen Kollegin von dem Anruf der Kripobeamtin nicht erzählen dürfen? Sie verwarf diesen Einfall aber schnell wieder. Denn die Polizistin hatte schließlich nicht von ihr verlangt, den Inhalt des Telefonats für sich zu behalten.

***

Ella fühlte sich mulmig, als sie das erste Mal während ihrer Zeit als Kripobeamtin ohne Begleitung ins Haus der Gerichte fuhr. Sie versuchte, sich nichts vorzumachen. Ihre spontane Eingebung würde aller Voraussicht nach zu keinem brauchbaren Ergebnis führen! Warum war sie nur so aufgeregt? Für eine Anhörung oder Vernehmung brauchte sie doch nicht unbedingt einen Kollegen an ihrer Seite. Das konnte sie allein! Sie atmete langsam aus, hielt die Luft kurz an und atmete wieder ein. Diese Übung half ein wenig, auch wenn der Platz am Steuer ihres Autos eigentlich nicht der richtige Ort war, um sich zu entspannen.

Ella war eigentlich davon ausgegangen, sie würde wie bei ihren früheren zusammen mit einem Kollegen oder einer Kollegin erstatteten Besuchen im Haus der Gerichte auf den großen Vorplatz des Gebäudes fahren, die Plakette ‚Polizei im Einsatz' auf das Armaturenbrett legen und dann das Gebäude betreten. Einen Parkplatz in der Gegend zu suchen, war hoffnungslos. Und bei Nutzung der Tiefgarage hätte sie ein Ticket ziehen müssen. Die Parkgebühren würde der Dienstherr ihr mit Sicherheit nicht erstatten.

Sie stellte ihr Auto neben einen Streifenwagen. Im Strafgericht und auch bei sogenannten Abschleppfällen im Verwaltungsgericht mussten Polizisten häufig als Zeugen aussagen, die wie Ella ihre Fahrzeuge regelmäßig auf dem Vorplatz parkten. An diesem Tag standen sogar drei Streifenwagen nebeneinander. Vermutlich war ein größerer Prozess im Gange.

Auf dem Vorplatz befanden sich viele Menschen. So voll hatte sie ihn noch nie gesehen. Möglicherweise lag das daran, dass in dem Haus arbeitende Mitarbeiter zur oder von der Mittagspause kamen. Nach dem Aussteigen aus ihrem Auto erkannte sie, dass einige Polizisten in Uniform vor dem Eingang standen und Personen, die in das Gebäude wollten, zurückwiesen. Jetzt blickte ein Polizist zu ihr herüber, redete kurz mit seinen Kollegen und kam angelaufen.

„Sie dürfen hier nicht parken!"

Ella zückte ihren Dienstausweis und hielt ihn dem Schutzpolizisten hin: „Ella Sturm vom LKA, ich habe hier eine wichtige Vernehmung in einem Mordfall durchzuführen!"

Der junge Polizist nahm Haltung an: „Da muss ich kurz Rücksprache halten. Im vierten Stockwerk sitzt eine suizidgefährdete Person im offenen Fenster, die offenbar hinausspringen will. Jemand von der Hochschule für Angewandte Wissenschaften von gegenüber hat uns informiert. Wir haben Anweisung, niemanden durchlassen."

Ella folgte dem jungen Polizisten, der an seinen Kollegen vorbei in der Eingangshalle verschwand. Wahrscheinlich wollte er einen Vorgesetzten, der sich im Haus befand oder den er von dort aus anrufen wollte, fragen, wie er sich der Kripobeamtin gegenüber verhalten sollte.

Im vierten Stock befanden sich die Dienstzimmer der Richter des Verwaltungsgerichts! Eine Reihe der Räume lag auch auf der Seite zur Hochschule für Angewandte Wissenschaften. Ella erinnerte sich daran, dass einer der Richter sich während ihrer Praktikumszeit darüber beschwert hatte, dass die Studenten bei einer Veranstaltung auf dem Hof laut Musik erschallen ließen, während er ein Urteil diktieren wollte.

Als Ella die Eingangstür erreichte, zauberte sie ein selbstbewusstes Lächeln in ihr Gesicht, nickte den Polizisten zu und hielt ihren Ausweis hin: „Ich habe gerade mit ihrem Kollegen gesprochen!" Schnellen Schrittes ging sie zum Treppenhaus und lief die Stufen hinauf. Vielleicht wäre sie mit dem Aufzug schneller gewesen! Sie wollte aber nicht riskieren, dass der junge Polizist zurückkam, während sie vor dem Fahrstuhl wartete. Im vierten Stock musste Ella sich erst einmal orientieren. Der Umstand, dass die Wände in allen Stockwerken in derselben rotbraunen Farbe gestrichen und die Flure identisch angelegt waren, fand sie bereits während ihrer Praktikumszeit irritierend. Sie hatte sich schon damals gefragt, ob die Besucher absichtlich in die Irre geführt und eventuell vor einer mündlichen Verhandlung unter Stress gesetzt werden sollten, weil sie den Sitzungssaal, zu dem sie geladen waren, nicht finden konnten. Jedenfalls wäre sie selbst zu der ersten mündlichen Verhandlung der Kammer, an der sie als Praktikanten zuhören sollte, beinahe nicht rechtzeitig erschienen, weil sie vor dem falschen Saal gelandet war.

Ella hatte Glück. Eine Mitarbeiterin des Gerichts ließ sie in den abgesicherten Bereich, in dem sich die Dienstzimmer der Richter befanden. Merkwürdigerweise schien sie nichts von der Aufregung um eine suizidgefährdete Person zu wissen. Auch auf dem Flur war alles still, wie bei Ellas vorherigen Besuchen.

Schneller als befürchtet fand Ella die Tür zu Anna-Lena Pottschmidts Dienstzimmer und klopfte. Keine Reaktion! Sie klopfte erneut, diesmal mit mehr Energie. Dann drückte sie die Klinke hinunter. Die Tür war verschlossen. Vielleicht war die junge Richterin gerade nicht in ihrem Zimmer und hatte abgesperrt. Ella sah auf ihre Armbanduhr. Es war fünf Minuten vor der verabredeten Zeit. Sollte sie einfach warten? Aber da kam doch ein Geräusch aus dem Zimmer, das sich anhörte, als würde eine Schranktür oder ein Fenster immer wieder an eine Wand schlagen!

Jetzt fiel es ihr wieder ein. Alle Mitarbeiter im Gericht konnten mit ihren Schlüsseln die Zimmer der Kollegen betreten. Ein anderer Richter musste ihr dir Tür aufschließen! Schnell ging Ella zu den Nebenzimmern. Alle waren verschlossen! So ein Mist, die anderen Richter waren entweder im Urlaub oder gerade beim Mittagessen!

Mit Schwung sprang die Glastür vom angrenzenden Flur auf, Frau Meerbach kam angehetzt, hielt einen Schlüssel hoch und ohne ein Wort zu wechseln rannten beide Frauen zu Pottschmidts Zimmertür.

„Die Polizei hat uns erst vor einer Minute benachrichtigt, dass da jemand aus dem Fenster springen will. Ich habe sofort an Anna-Lena gedacht. Ich habe ihr von Ihrem Anruf erzählt. Das hätte ich nicht machen dürfen!", die Präsidialrichterin schloss auf und stürzte in den Raum: „Anna-Lena!" Einen Meter hinter der Tür blieb Katrin Meerbach wie angewurzelt stehen. Ella, die ihr auf dem Fuße folgte, prallte auf sie.

Anna-Lena Pottschmidt saß bei sperrangelweit geöffnetem Fenster auf dem Fenstersims. Ihr Oberkörper war sehr weit nach vorn geneigt, sodass ihr linker Arm sich nach hinten bog, mit dessen Hand sie den freien Balken links vom Fenster umfasste. Mit der rechten Hand stützte sie sich auf dem Fenstersims ab.

Ella schoss eine Erinnerung wie ein Déjà-vu durch den Kopf. Sie saß in Dr. Kaufmanns Zimmer, während der ihren Urteilsentwurf spitzfindig in der Luft zerriss: „So werden Sie niemals eine passable Juristin, eine Richterin mit Sicherheit nicht, aber wahrscheinlich nicht einmal eine durchschnittliche Rechtsanwältin." Eine Amsel hockte damals auf dem Fenstersims, die plötzlich die Flügel ausbreitete und abwärts entschwand. Ella hatte die Empfindung, dass der Vogel Dr. Kaufmanns Kritik einfach nicht aushalten konnte und sich deshalb vom Sims stürzte.

Als die Proberichterin ihren Namen hörte, drehte sie ihren Kopf halb nach hinten. Ihre Augen sahen glasig aus, als sie den Mund zu einem bitteren Lächeln verzog. Ohne ein Wort zu sagen, löste sie ihre linke Hand vom Balken und drückte sich fast gleichzeitig mit der rechten Hand vom Fenstersims ab, drehte den Kopf nach vorn, sah nach unten und entschwand lautlos aus dem Gesichtsfeld der beiden im Türrahmen verharrenden Frauen.

***

„Ist Ella immer noch nicht wieder zurück?" Susan von dem Felde steckte ihren Kopf durch Schlichtings angelehnte Dienstzimmertür. Der blickte von seinem Schreibtisch auf und zuckte mit den Schultern: „Das verstehe ich auch nicht. Ich habe ihr extra gesagt, dass sie sich beeilen soll."

Susan trat ins Zimmer, während ihr Chef Ellas Handynummer in sein Telefon eintippte und es mehrmals klingeln ließ, Aber es meldete sich niemand. „Das ist jetzt schon mein dritter Anruf. Warum geht sie nicht ran?"

Susan war besorgt: „Soll ich ins Gericht fahren oder wenigstens dort anrufen? Da muss irgendetwas passiert sein. Man braucht keine drei Stunden für so eine Vernehmung, selbst wenn man wie Ella sehr gründlich ist. Sie könnte auch einen Unfall gehabt haben."

„Da wären wir schon benachrichtigt worden, lass uns noch eine halbe Stunde warten."

Knapp dreißig Minuten später erschien Susan erneut im Zimmer des Ermittlungsleiters. Ihr direkt auf den Fersen folgte Müller, der anders als seine Kollegin nicht besorgt, sondern eher genervt wirkte: „Dieser Übereifer der jungen Kollegen ist schon sehr anstrengend. Ich wette, sie vernimmt das halbe Gericht, findet noch irgendwelche windelweichen Anhaltspunkte und wir dürfen anschließend ein paar weitere Berichte schreiben."

Susan hätte ihre Kollegin gern in Schutz genommen, aber ihr fiel auch nichts ein. Hoffentlich konnte Ella einen guten Grund für ihre lange Abwesenheit vorbringen, sonst würde Müller sicher auch ihr gegenüber noch einige seiner gefürchteten Sprüche loslassen.

Ellas typische Schritte im Flur ließen ihre drei Kollegen aufhorchen. Ihr schweres Atmen war bis in Schlichtings Zimmer zu vernehmen. Mit einem Schwung ging die Tür auf. Ella trat ein und blickte mit aufgerissenen Augen um sich. Sie war hochrot im Gesicht und ihre Haare standen im wahrsten Sinne des Wortes zu Berge. Selbst Müller war sofort klar, dass etwas Unvorhergesehenes passiert sein musste.

Ella warf sich auf den freien Stuhl vor dem Schreibtisch. Sie holte noch einmal tief Luft: „Ich denke, wir haben den Mörder oder besser gesagt, die Mörderin."

***

„Danke, es geht mir ganz gut. Ich muss eine Nacht zur Kontrolle im Krankenhaus bleiben, dann werde ich entlassen. Es ist mir klar, dass ich in Untersuchungshaft genommen werde.

Schon bevor heute Mittag die junge Kommissarin und Frau Meerbach in mein Dienstzimmer kamen, wurde unter meinem Fenster das Sprungpolster aufgeblasen. Wer das veranlasst hat, weiß ich nicht genau. Ich nehme aber an, dass es Frau Gerke und Herr Sörensen waren. Denn die liefen gerade am Haus vorbei, als ich auf dem Fenstersims saß. Sie müssen mich gesehen haben. Später standen außer den Feuerwehrleuten auch einige Kollegen aus der Geschäftsstelle und aus der Wachtmeisterei unter meinem Fenster.

Die Idee mit der Wespe kam mir eigentlich erst, nachdem ich in Kaufmanns Zimmer die Stellungnahme zu meiner Lebenszeiternennung gefunden hatte. Nach meiner Zeit in der Kammer musste ich damit rechnen, dass seine Beurteilung nicht gerade positiv ausfallen würde. Er machte mir das Leben während dieser Zeit zur Hölle. Gleich nach meinem Eintritt teilte er mir das schwierigste Rechtsgebiet zu, für das die Kammer zuständig war, Erschließungs- und Ausbaubeitragsrecht. Ich hatte davon keine Ahnung und konnte auch niemanden fragen. Meinen Vorsitzenden oder den anderen Beisitzer Herzog traute ich mich nicht anzusprechen und die Kollegen aus den anderen Kammern kannten sich damit ebenso wenig aus wie ich. Meine ausgearbeiteten Lösungsvorschläge zerriss Kaufmann jedes Mal süffisant in der Luft. Ich gebe auch zu, dass ich für die verschwundenen Akten verantwortlich war. In unserem internen Gerichtssystem wird der Eingang der Sachakten, die aus den Behörden kommen, erst in der Geschäftsstelle vermerkt, nachdem der Wachtmeister sie dorthin gebracht hat. Das heißt, dass die Akten in der Wachtmeisterei zwar mit einem Eingangsstempel versehen werden. Im Gerichtssystem wird der Eingang aber noch nicht vermerkt. Das habe ich mir zunutze gemacht. Nachdem die Akten von der Behörde eingefordert worden waren, habe ich abends in der Wachtmeisterei wiederholt nachgesehen, bis sie dort angekommen waren. Dann habe ich sie heimlich mitgenommen, noch bevor sie bei unserer Geschäftsstelle gelandet waren und registriert werden konnten. Ich habe sie einfach in einen der Schredder geworfen, die hier in den Kopierräumen stehen. Nach unserem System war also noch nicht vermerkt, dass die Akten schon bei Gericht eingegangen waren, sodass auch niemand darauf kommen konnte, dass ich für ihr Verschwinden verantwortlich war. Auf diese Weise konnte ich ein bisschen Zeit für die Bearbeitung gewinnen. Viel genützt hat es mir nicht, aber ich wusste einfach keinen anderen Ausweg.

Aber auch an meinen anderen Arbeiten ließ mein Vorsitzender

selten ein gutes Haar. Ich versuchte immer, mich damit zu beruhigen, dass er als Nörgler bekannt war. Keiner der Proberichter, die mit ihm zusammenarbeiten mussten, war mit ihm gut ausgekommen. Ich rechnete damit, dass meine Probezeit verlängert worden könnte. Dass Kaufmann mich aber ganz absägen würde, stellte ich mir selbst in meinen schlimmsten Träumen nicht vor.

Ich wusste auch von den anderen Kollegen, dass Kaufmann die Stellungnahmen, die er über die Leistungen seiner Proberichter schreiben musste, nie vorher mit ihnen besprach. Auch mir sagte er nie ausdrücklich, wie seine Beurteilung ausfallen würde. Als ich das vor ein paar Wochen beim Mittagessen Frau Meerbach erzählte, erklärte sie mir aber, dass er dazu verpflichtet sei und ich ihn unbedingt auf seinen Beitrag ansprechen müsste. Ich schob eine Besprechung mit ihm aus Angst vor seiner Reaktion immer wieder auf. Erst etwa eine Woche vor seinem Tod erkundigte ich mich bei ihm, ob er schon die Stellungnahme geschrieben habe. Er bejahte das sofort. Als ich ihn fragte, ob er sie mit mir besprechen würde, lächelte er nur herablassend und sagte, dass es da nichts mehr zu bereden gebe und ich seine Beurteilung schon früh genug zu lesen bekäme.

Erst in dem Moment kam mir ernsthaft in den Sinn, dass er meine Entlassung aus dem Dienst vorschlagen wollte. Am selben Abend konnte ich es dann nicht mehr aushalten. Dr. Kaufmann verließ das Gericht immer schon so gegen 17:00 Uhr. Sie wissen ja, dass jeder, der im Haus arbeitetet, bis auf wenige Ausnahmen mit seinem Zimmerschlüssel den Raum eines anderen Kollegen betreten kann. Als die meisten Mitarbeiter schon nach Hause gegangen waren, das war so gegen 20:00 Uhr, ging ich in sein Zimmer und durchsuchte seinen Schreibtisch. In einer Schublade fand ich dann tatsächlich den Beurteilungsbeitrag. Meine Ahnung bewahrheitete sich leider. Seine Stellungnahme war verheerend und er schrieb, dass ich für den Richterberuf vollkommen ungeeignet sei.

Ich war schockiert. In derselben Schublade lag noch eine kleine

Plastiktüte, in der sich ein Notfallset gegen Anaphylaxie bei allergischen Reaktionen gegen Insektenstiche befand.

Ich wusste sofort, worum es sich handelte. Denn ein paar Tage zuvor war es während einer Besprechung in seinem Zimmer zu einem spektakulären Vorfall gekommen, in dem er die Hauptrolle spielte. Herr Herzog brachte Kuchen anlässlich seines Geburtstags aus der Bäckerei mit. In der Kuchenauslage des Geschäfts krabbeln jetzt zur Sommerzeit immer Wespen herum. Eine verirrte sich offenbar in die Tüte und hockte nun an Dr. Kaufmanns Kuchenstück, ohne dass er das bemerkte. Sie stach ihn in die Hand. Nach ein paar Minuten wurde er kreidebleich und schnappte nach Luft. Herzog rief sofort das St. Georg Krankenhaus an. Ein Notarzt und Sanitäter waren nach wenigen Minuten da und behandelten ihn sofort. Er musste noch für einen Tag in der Klinik bleiben.

Am nächsten Tag erzählte er uns in allen Details, wie gefährlich der Wespenstich für ihn gewesen und dass er beinahe daran gestorben sei. Er berichtete auch von dem Notfallset, das er nun immer bei sich haben müsse.

Erst an dem Abend, nachdem ich Kaufmanns Stellungnahme in seinem Schreibtisch gefunden hatte, kam mir zu Hause der Gedanke, etwas gegen ihn zu unternehmen. Ich muss dazu sagen, dass ich schon seit langer Zeit Richterin werden wollte, schon während meiner Schulzeit. Mein Vater ist nach einem Arbeitsunfall seit vielen Jahren zu Hause. Meine Mutter arbeitet zwar noch. Sie hat aber nur einen schlecht bezahlten Job. Das Geld war daheim deshalb oft knapp. Meine Eltern haben trotzdem alles dafür getan, dass ich studieren konnte. Sie machten nur selten Urlaub, nur damit ich Richterin werden konnte. Sie waren so stolz auf mich. Ich bin ihr einziges Kind. Ich hätte nicht gewusst, wie ich ihnen hätte erklären sollen, dass man mich hier rauswerfen will.

Ich googlete und informierte mich ausführlich über die Notfallsets, vor allem über die darin enthaltenen Adrenalinpens, wie man sie einsetzt und wie sie wirken. Weil es Pens von verschiedenen

Herstellern gibt, die auch ein wenig unterschiedlich zu handhaben sind, ging ich am darauffolgenden Abend noch einmal in Dr. Kaufmanns Zimmer, holte die Medikamente aus der Tüte und fotografierte sie mit meinem Handy. Die Tüte legte ich anschließend wieder in die Schublade.

Zu Hause fand ich dann im Internet ein kurzes Video, in dem genau beschrieben wurde, wie die Spritzen funktionieren. Irgendwann legte ich mir dann einen Plan zurecht, wie ich Kaufmann unschädlich machen konnte. Am schwierigsten war es, die Spritzen auszulösen. Erst wollte ich sie an meinem eigenen Oberschenkel ansetzen. Dann fand ich im Netz eine Notiz, wonach ein Nicht-Allergiker gestorben sein soll, der sich versehentlich eine solche Spritze selbst injiziert hatte. Deshalb habe ich davon abgesehen. In dem Video, von dem ich erzählt habe, wurde beschrieben, dass der Pen nur an einem festen, aber durchlässigen Körper ausgelöst werden könne. Da kam mir die Idee mit meinem Stoffeisbären. Der war durchlässig, aber ziemlich fest. Eine Wespe zu besorgen, war kein Problem. In der Bäckerei gab es davon jetzt in dem heißen Sommer genug, nicht nur in der Kuchenablage, sondern auch in dem kleinen dazugehörigen Biergarten. Ich hatte auch sofort eine Idee, wohin ich die Wespe verfrachten wollte. Kaufmann saß in letzter Zeit immer auf so einem merkwürdigen Ballkissen. Er hatte Probleme mit Hämorrhoiden. Das Kissen steckte in einem festen, extra dafür gemachten Bezug.

Kaufmann kam eigentlich immer erst gegen 10:00 Uhr ins Büro. Weil er einen Rechtsanwalt, es war der Anwalt Steinhagen, in einem Prozess vorführen wollte, sollte aber eine Verhandlung ausnahmsweise schon um 8:30 Uhr beginnen. Der Anwalt war nämlich dafür bekannt, dass er späte Termine bevorzugte. Vor 11:00 Uhr erschien er nie in seiner Kanzlei. Der frühe Termin sollte genau an dem Donnerstag stattfinden, an dem Kaufmann starb. Er hatte in einer Besprechung schon ausgiebig vor uns damit geprahlt, wie er Steinhagen in der Sitzung kleinmachen würde.

Dies schien mir der geeignete Tag für mein Vorhaben zu sein. Ich hole mir für den Vormittag einen Termin beim Friseur für 9:00 Uhr. Es schien mich wichtig, dass ich an dem Morgen anders als sonst erst nach Kaufmann im Gericht war. Das bedurfte natürlich einer nachvollziehbaren Erklärung.

Am Tag vor dieser Verhandlung bereitete ich alles vor. Von zu Hause brachte ich meinen Stoffeisbären mit. Am Nachmittag ging ich in die Bäckerei, hole mir ein Stück Kuchen in einer Papiertüte und setzte mich mit einer Tasse Kaffee in den Außenbereich. Dort öffnete ich die Tüte. Ich musste nicht lange warten, bis eine Wespe angeflogen kam und hineinkrabbelte. Ich machte die Tüte wieder zu und das Insekt war gefangen. Ich kehrte dann zurück ins Gericht und wartete bis zum Abend.

Als die meisten Kollegen schon gegangen waren, es war schon nach 20:00 Uhr, ging ich wieder in Kaufmanns Zimmer. Ich hatte mir ein Paar Einmalhandschuhe mitgebracht, die ich anzog, sowie einen Stoffbeutel. Ich nahm dann den Beurteilungsbeitrag und die Apothekentüte mit dem Notfallset aus seinem Schreibtisch und verstaute alles zusammen mit den Handschuhen in dem Beutel. Dann ging ich in mein Zimmer. Dort schloss ich vorsichtshalber die Tür zu. Anschließend zog ich die Handschuhe wieder an und nahm die Epi-Pens aus der Tüte. Vom ersten Pen zog ich die blaue Verschlusskappe ab und drückte den orangefarbenen Autoinjektor auf den Eisbären. Wie ich gehofft hatte, wurde die Injektion sofort ausgelöst. Mit dem zweiten Pen verfuhr ich genauso. Danach setzte ich die blauen Verschlusskappen wieder auf die Spritzen. Mit einem Displayreinigungstuch wischte ich anschließend alles ab. Als ich die Spritzen wieder in die Plastikhüllen stecken wollte, musste ich feststellen, dass sie nicht mehr hineinpassten. Die herausgefahrenen Nadeln wurden durch einen Schutz ummantelt und verschwanden nicht, wie ich angenommen hatte, wieder im Pen. Das war natürlich nicht geplant, sodass ich improvisieren musste. Ich legte die Hüllen so in eine Schublade meines Schreibtischs, die ich anschließend verschloss. Später nahm ich sie wieder heraus und entsorgte sie außerhalb des Gerichts. Die Pens legte ich nun wieder in die Apothekertüte und verstaute sie zusammen mit der Bäckertüte und den Einmalhandschuhen in dem Stoffbeutel, mit dem ich erneut in Kaufmanns Dienstzimmer ging. Dort zog ich die Handschuhe wieder an und legte die Apothekertüte in die Schublade. Ich öffnete den Reißverschluss der Ballkissenhülle und ließ die Wespe aus der Papiertüte in die Hülle kriechen. Das dauerte länger, als ich vorher gedacht hatte. Das Tier wollte erst nicht so wie ich. Den Reißverschluss machte ich wieder zu und legte das Kissen auf den Stuhl.

Damit Kaufmann sich nicht telefonisch Hilfe holen konnte, kroch ich nun unter seinen Schreibtisch, öffnete auf dem Boden das Fach, in dem sich die Steckdosen befinden, und zog den Stecker für die Telefonschnur heraus. Anschließend verschloss ich das Bodenfach wieder, damit man nicht auf den ersten Blick erkennen konnte, dass ein Stecker herausgezogen war. Er war übrigens überzeugter Gegner von Handys und besaß deshalb auch keins. Deshalb konnte er sich also mit einem mobilen Telefon keine Hilfe holen. Dann ging ich wieder in mein eigenes Zimmer.

Dort konnte ich noch die beiden Plastikhüllen und die Einmalhandschuhe in meine Handtasche stecken. Eigentlich war mein Plan, auch den Eisbären wieder mit nach Hause zu nehmen. Katrin Meerbach klopfte aber überraschend an meine Tür. Sie wollte mit mir gemeinsam zur Bahn gehen. Ich hatte nicht mit ihr gerechnet, weil sie normalerweise viel früher das Gericht verlässt. Sie hat ja drei Kinder, die um 20:00 Uhr sicher schon ins Bett müssen. Deshalb ließ ich den Eisbären auf dem Schreibtisch liegen. Sie haben ihn dann ja später dort gesehen.

An den Bären dachte ich erst wieder, als die junge Kommissarin mich das erste Mal vernahm und auf das Stofftier ansprach. Ich legte ihn erst einmal in meinen Schrank, vergaß ihn aber wieder. Als sie mich dann erneut vernehmen wollte und ich von Frau

Meerbach hörte, dass die Kripo sie nach dem Kuscheltier gefragt hatte, wusste ich, dass man mir auf der Spur war.

Erst jetzt ist mir klar, dass Sie mir nichts hätten nachweisen können, wenn ich den Bären einfach hätte verschwinden lassen. In meiner Panik habe ich aber an diese naheliegende Möglichkeit nicht gedacht."

33. Kapitel: Ende gut! Alles gut?

Schlichting ließ das Vernehmungsprotokoll sinken und blickte in die Runde: „Ich möchte mich im Namen aller Anwesenden bei dir bedanken, Ella. Vor allem ich selbst bin außerordentlich froh, dass wir den Fall ‚Ein Toter im Haus der Gerichte' nun doch noch lösen konnten. Ohne deine Intuition wäre uns das vermutlich nicht gelungen ... und ich hätte mit dem schlechten Gefühl, ausgerechnet den letzten Fall nicht erledigt zu haben, meinen Ruhestand antreten müssen."

Ella fühlte die Blicke der anderen auf sich ruhen. Sie konnte stolz auf sich sein. Die Kollegen der Mordkommission schienen mit dem Ergebnis zufrieden zu sein, jedenfalls fast alle. Nur Susan sah immer noch ein wenig skeptisch aus.

„Raus mit der Sprache, Susan, was hast du noch auf dem Herzen?" Schlichting bemerkte Susans kritischen Blick und wollte keine Fragen im Raum stehen lassen.

„Eigentlich nichts. Aber ..."

„Was aber?"

„Nun ja, die Pottschmidt meint doch offenbar, dass wir sie mit dem Eisbären überführen könnten. Sie glaubt vermutlich, dass man den Wirkstoff Adrenalin aus den Adrenalinpens in dem Stofftier nachweisen würde. Ich erinnere mich aber daran, was Prof. Mondry erzählt hat. Dass nämlich der Wirkstoff aufgrund seiner äußerst kurzen Halbwertzeit im Körper der Leiche nicht festgestellt werden könnte, selbst wenn Kaufmann sich die Adrenalinpens gespritzt hätte. Umgekehrt hätte man nichts daraus schlussfolgern können, wenn man den Wirkstoff nicht mehr in der Leiche ausfindig machen würde. Das war nur wenige Stunden nach Kaufmanns Tod. Jetzt sind viele Tage vergangen, sodass man im Eisbärteddy mit ziemlicher Sicherheit nichts mehr davon finden würde. Ich will damit sagen, dass Frau Pottschmidt ihr Geständnis nur abgelegt hat, weil sie glaubte, man könnte sie überführen, wenn man den Eisbären untersuchen würde. Da hat sie sich aber getäuscht. In dem Bären würde man nichts finden."

Ella fuhr ein Schreck in die Glieder. Hätten sie die Proberichterin über ihren Irrtum aufklären müssen? War ihre Aussage nun überhaupt noch verwertbar?

Schlichting hob beschwichtigend die Hand: „Du denkst darüber nach, ob das Geständnis durch eine verbotene Vernehmungsmethode erwirkt war! Keine Angst. Frau Pottschmidts Annahme war falsch, sie hat sich geirrt, weil sie offenbar glaubte, man könne sie durch eine Untersuchung ihres Stofftiers überführen. Aber diese Fehleinschätzung ist auf ihrem eigenen Mist gewachsen. Wir haben sie nicht getäuscht und damit ihren Irrglauben herbeigeführt. Damit ist ihr Geständnis auch verwertbar."

„Ich habe auch noch eine Frage", jetzt meldete sich Müller zu Wort. „Wie ist denn das Sprungpolster so schnell unter das Fenster gekommen? Im Gericht war doch offenbar keiner darüber informiert, dass Frau Pottschmidt aus dem Fenster springen wollte, oder?"

Ella ergriff das Wort: „Ich habe von einem der Polizisten, die sich wegen des Suizidverdachts im Haus der Gerichte im Einsatz befanden, gehört, dass der Hausmeister der Hochschule für Angewandte Wissenschaft, der HAW, die das Gebäude gegenüber haben, bei ihnen angerufen hatte. Er beobachtete, dass die Pottschmidt im offenen Fenster saß. Völlig unabhängig davon gingen Frau Gerke und Wachtmeister Sörensen neben dem Gebäude direkt unter dem Fenster der Richterin vorbei. Sie wollten vermutlich nach einem Mittagsspaziergang an ihre Arbeitsplätze zurückkehren. Frau Pottschmidt hatte recht mit ihrer Vermutung, dass diese beiden auch für das Aufstellen des Sprungpolsters verantwortlich waren. Glücklicherweise gibt es eine Feuerwehr nur 100 m vom Gericht entfernt an der Straße Berliner Tor. Wachtmeister Sörensen ist bei der Freiwilligen Feuerwehr und er hat einige Kontakte zu den Leuten dort. Ohne diese Verbindung hätte es nie so schnell gelingen können, ein Sprungpolster zum Gerichtsgebäude zu schafften. Bis die Verantwortlichen im Gericht von der Polizei darüber informiert wurden, dass eine suizidgefährdete Person im vierten Stockwerk im offenen Fenster saß und herausspringen wollte, war eigentlich schon alles gelaufen."

Man hörte ein zaghaftes Klopfen an der Besprechungstür.

„Ich glaube, das ist jemand für dich", wandte sich Schlichting an Müller. „Ich habe da eine Vermutung. Du hast doch heute deinen Töchter-Vater-Tag! – Herein!"

Die Tür öffnete sich einen Spalt.

„Nun kommt schon rein!" Schlichtings Stimme klang sehr aufgeräumt. Es war deutlich zu hören, dass ihm die Lösung seines letzten Falles den Eintritt in seinen Ruhestand sehr erleichterte.

Genauso zaghaft wie das Klopfen traten nacheinander drei Mädchen im Alter zwischen ungefähr zehn und fünfzehn Jahren ins Zimmer. Erst als sie Müller am Tisch sitzen sahen, war der Bann gebrochen und sie rannten auf ihn zu.

„Ich will ins Kino!"

„Aber vorher gehen wir zu McDonalds, du hast versprochen, dass ich eine Cola trinken darf."

„Mama wartet unten! Wir durften allein hochkommen!"

Ella sah Müller von der Seite an. Sein Gesicht war plötzlich verändert. Von dem meist miesepetrigen Kollegen war nichts mehr zu erkennen. Er strahlte und hatte nur noch Augen für seine Töchter.

Wie Kinder einen Menschen beeinflussen und positiv verändern können, dachte sie. Nach Jans Examen wollte Ella mit ihm das Kinderthema endlich offen ansprechen. Sie musste daran denken, was ihre Oma immer gesagt hatte: „Viele Menschen finden stets einen Grund, warum ein Kind gerade im Moment nicht passt. Irgendwann merken sie dann, dass es zu spät dafür geworden ist." An dieses Thema hatte Ella schon seit Tagen nicht mehr gedacht. Der Fall ‚Ein Toter im Haus der Gerichte' hatte sie zu sehr eingenommen.

Der wievielte war heute eigentlich? Ella blickte auf die Datumsanzeige ihres Handys. Oje, sie hätte schon vor zwei Tagen ihre Menstruation bekommen müssen! Das war ihr noch nie passiert. Sonst wusste sie immer ganz genau, wann sie damit dran war. Und ausgerechnet im letzten Monat hatte sie schon wieder einmal vergessen, die Pille zu nehmen. Oder war es sogar zweimal? Sie versuchte, ruhig zu bleiben und sich vor den Kollegen, vor allem vor Susan, nichts anmerken zu lassen. Die schien allerdings mit sich selbst beschäftigt zu sein. Sie blickte mit dem dümmlich seligen Blick einer Verliebten auf ihr Handy.

Sollte sie jetzt schon mit Jan reden? Nein, der musste erst einmal seine Klausuren in Ruhe zu Ende schreiben. Dann würde sie mit ihm sprechen. Möchte sie überhaupt ein Kind? Jetzt, wo sie gerade in der Mordkommission angefangen hat und alles so gut läuft? Und was ist mit Jan? Ist der wirklich bereit, eine Familie zu gründen?

Ella atmete tief durch. Mindestens noch zwei Tage würde sie warten, dann wollte sie einen Schwangerschaftstest machen.

***

Schlichting hob sein Sektglas.

„Psst, seid doch mal ruhig, er will was sagen!" Anders als in den Besprechungen, die Ella miterlebt hatte, dauerte es eine Weile, bis Ruhe in dem Raum eingekehrt war. Dort waren mindestens vierzig Personen versammelt. Die Tür zum Flur stand offen, damit auch diejenigen, die ein paar Minuten später gekommen waren, noch Platz finden konnten. Auch im Flur waren Stehtische aufgestellt. Schlichtings Frau hatte für alles gesorgt. „Es werden nicht nur die kommen, die ausdrücklich eingeladen wurden", hatte sie Ella, Susan und Müller bei den Vorbereitungen prophezeit. „Nach so einem langen Arbeitsleben …" Sie sollte recht behalten.

Schlichtings Frau, die sich gleich mit „Brigitte, wir können uns gern duzen" vorstellte, war Ella sofort sehr sympathisch. Sie war recht groß und hatte gewellte, vormals dunkle Haare, die mit grauen Strähnen durchzogen waren. Ihr Teint war ziemlich dunkel und sie sah dadurch beinahe aus wie eine Südeuropäerin. Vielleicht hatte sie aber auch die sehr sonnigen Tage genutzt und sich auf dem Balkon oder im Garten gebräunt. Ihre Haare waren bei den Vorbereitungen zu der Abschiedsfeier zu einem lockeren Pferdeschwanz gebunden. Jetzt trug sie sie hochgesteckt, eine Frisur, die ihrem Äußeren sofort einen vornehmen Touch verlieh.

Schon bei ihrer ersten Begegnung wusste Ella, dass Brigitte sie an jemanden erinnerte. Aber an wen? Vielleicht an eine Schauspielerin oder an eine Sängerin? Es fiel ihr einfach nicht ein.

Ella nahm ein Glas Orangensaft in die Hand. „Von Sekt werde ich immer gleich so müde", erklärte sie Brigitte, die ihr wie den meisten der anderen Gäste Sekt eingießen wollte.

Schlichtings Ansprache war kurz. Er hatte darum gebeten, dass niemand zu seinen Ehren eine dieser schrecklichen Reden halten sollte, deren Inhalt sowieso nie der Wahrheit entsprach und darüber hinaus die Anwesenden langweilte. Und tatsächlich hielt man sich daran.

Nun drängten alle zu den an den Wänden aufgestellten Tischen, um sich mit den dort aufgebauten Brötchen und Häppchen zu versorgen. Bei einigen der Gäste gewann man den Eindruck, dass sie extra für diese Veranstaltung ein paar Tage gehungert haben mussten. Das typische Geräusch einer gelungenen Party aus einem Gemisch von Gerede, Gemurmel, Kichern und Lachen von Stimmen in den unterschiedlichsten Lagen, das dem Geschnatter einer Gänseschar auf einer großen Wiese sehr ähnelte, machte sich breit, als jemand plötzlich zuerst leise, dann deutlich lauter an den Türrahmen klopfte. „Hallo, ich wollte nicht stören. Kann mir jemand sagen, wo ich Herrn Schlichting finde?"

„Da sind Sie hier genau richtig!" Die kurze durch die Besucherin verursachte Unterbrechung der allgemeinen Unterhaltung war mit Müllers Bemerkung wieder beendet. Lächelnd ging Brigitte auf die Frau zu, die sich von ihr ein Glas Sekt einschenken und sich zu Schlichting führen ließ. Die Ähnlichkeit war frappierend. Die beiden Frauen sahen aus wie eineiige Zwillinge, nur in deutlich unterschiedlichem Lebensalter. Ella musste an einen Film denken, den sie vor Kurzem gesehen hatte und in dem eine Schauspielerin dieselbe Person im Alter von 30 bis 70 Jahren spielen musste. Die Darstellerin war sehr gut zurechtgemacht und man ließ sie mit den Mitteln eines Maskenbildners in Würde altern.

Bei der Besucherin handelte es sich um Katrin Meerbach. Sie überreichte Schlichting eine Schachtel: „Ich wusste nicht, dass heute ihr letzter Arbeitstag ist und doch habe ich ein Geschenk für Sie mitgebracht." Als er etwas perplex auf das Mitbringsel sah, lachte sie: „Es ist nur ihre Sonnenbrille, die Sie in meinem Büro vergessen haben. Jetzt können Sie sie bestimmt gut gebrauchen."

Ella warf einen Blick auf ihr Handy. Ein Signalton hatte eine Textnachricht angekündigt. Sie war von Jan, wie Ella es erwartet hatte. „Alles gut gelaufen, ich bringe eine Flasche Sekt mit, bis nachher. Jetzt gehe ich erst einmal eine Pizza beim Italiener essen." Er hatte am Vormittag die letzte seiner Examensklausuren geschrieben.

Ella nahm sich vor, noch vor Dienstschluss den Schwangerschaftstest zu machen, den sie schon am Tag zuvor gekauft hatte. Würde er positiv ausfallen, würde sie Jan die Nachricht am Abend überbringen. Dazu war sie jetzt entschlossen. Eine Erklärung, warum sie nicht mit ihm Alkohol trinken wollte, würde sich damit erübrigen.

Ella verspürte plötzlich ein merkwürdiges Völlegefühl. Sie hatte doch anstelle des Mittagessens nur zwei halbe belegte Brötchen gegessen. Das Gefühl kam ihr bekannt vor, es stammte nicht von einem überfüllten Bauch. ‚Prämenstruelles Syndrom' schoss es ihr durch den Kopf. Sie stellte ihr Glas ab und ging zur Toilette.

„Ich dachte, du wolltest schon gehen!" Schlichting kam lächelnd auf Ella zu. „Nein, ich war nur für kleine Kommissarinnen." Ella lächelte zurück. „Ich kann meinen Orangensaft nicht wiederfinden."

„Ich gebe dir ein neues Glas." Schlichting steuerte auf den Tisch zu, auf dem die Getränke und die unbenutzten Gläser abgestellt waren. Ella folgte ihm „Du darfst mir jetzt ein Glas Sekt einschütten."